세상을 뒤흔든 세계 5대 종교

알아두면 돈이 되는
종교와 세계

시마다 히로미 감수 | **정세영** 옮김

BOOKERS

정치, 경제, 문화…, 종교는 세계관의 뿌리!
종교를 이해하지 않고는 현대 사회를 알 수 없다

세계는 종교를 중심으로 움직여 왔다고 해도 과언이 아니다. 지금 이 순간에도 전 세계에서 수많은 사람이 신이나 부처에게 기도를 올리고 있다. 그 인원이 얼마나 될지 상상조차 못 할 정도다.

역사를 되돌아봐도 종교가 맡아 온 역할은 실로 어마어마하다. 16세기에 그리스도교 선교사들이 머나먼 바다를 건너 일본을 찾은 것도 극동의 나라에 신의 가르침을 전파하기 위해서였다. 1620년 필그림 파더스라는 영국 청교도들이 미국으로 건너간 것도 신앙의 자유를 확립하기 위해서였다.

세계는 종교로 움직인다. 종교를 빼놓고는 인간의 역사를 생각하기 어렵다. 이것은 근대화, 공업화, 그리고 정보화 된 현대 세계에서도 마찬가지다. 종교는 정치와 경제에까지 영향을 미치고 있다. 또한 세계관의 뿌리에 자리 잡고 있으므로 우리의 가치관을 강하게 규정하고, 때로는 행동까지 규제한다.

예술 분야만 해도 종교는 표현 내용뿐 아니라 표현 방식에까지 영향을 미친다. 우상 숭배를 강력히 금지하는 종교가 널리 퍼진 지역에서는 그림을 그리는 것조차 제한되지만, 많은 신을 섬기는 지역에서는 다양하고 세련된 종교 미술이 발달한다.

과연 종교를 모른 채 세계를 이해할 수 있을까? 일본에는 토착 종교인 신토(神道)도 있지만 외래 종교인 불교, 유교, 도교에 더해 그리스도교까지 받아들여져 왔다. 이슬람교는 여전히 미지의 종교로 머물러 있지만, 세계에서 두 번째로 신자가 많은 종교이므로 그 동향에 관심을 기울여야 한다.

종교라는 기틀 위에서 세계의 다양한 활동이 전개되어 왔다. 이것은 지금도 마찬가지다. 이 책을 읽고 나면 종교가 세계에서 얼마나 중요한 역할을 하고 있는지 이해하게 될 것이다. 그리고 그것을 이해하고 나면 세계가 지금까지와는 다르게 보일 것이다.

도쿄대학 종교학 박사, 종교학자

시마다 히로미

Chapter 1 종교의 핵심을 살펴본다 '종교의 5가지 키워드'

Chapter 4 키워드로 풀어 본다
'종교와 동아시아'

종교를 이해해야 세계의 실상을 파악할 수 있다

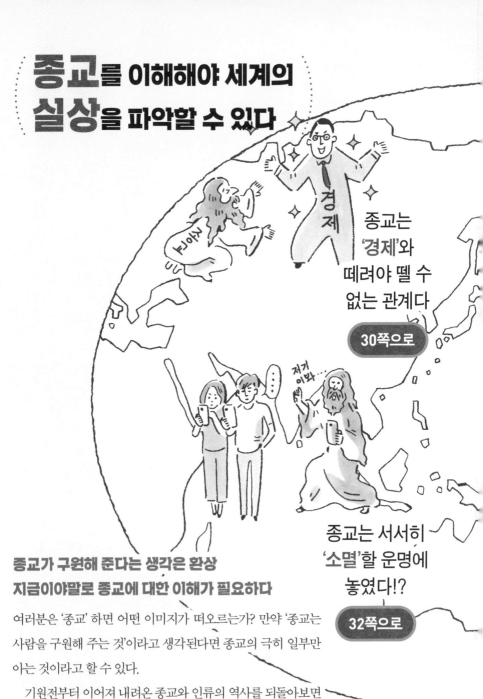

종교는 '경제'와 떼려야 뗄 수 없는 관계다

30쪽으로

종교는 서서히 '소멸'할 운명에 놓였다!?

32쪽으로

종교가 구원해 준다는 생각은 환상
지금이야말로 종교에 대한 이해가 필요하다

여러분은 '종교' 하면 어떤 이미지가 떠오르는가? 만약 '종교는 사람을 구원해 주는 것'이라고 생각된다면 종교의 극히 일부만 아는 것이라고 할 수 있다.

기원전부터 이어져 내려온 종교와 인류의 역사를 되돌아보면 종교의 실체를 알 수 있다. '제2차 세계 대전 이후 일본에서는

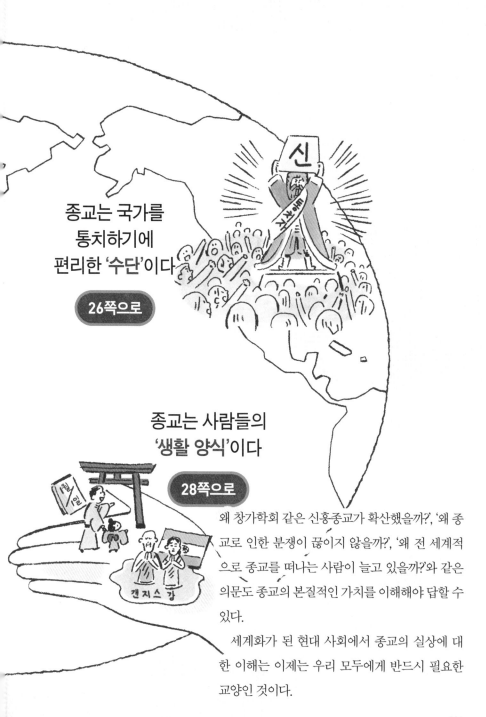

종교는 국가를
통치하기에
편리한 '수단'이다

26쪽으로

종교는 사람들의
'생활 양식'이다

28쪽으로

왜 창가학회 같은 신흥종교가 확산했을까?', '왜 종
교로 인한 분쟁이 끊이지 않을까?', '왜 전 세계적
으로 종교를 떠나는 사람이 늘고 있을까?'와 같은
의문도 종교의 본질적인 가치를 이해해야 답할 수
있다.

세계화가 된 현대 사회에서 종교의 실상에 대
한 이해는 이제는 우리 모두에게 반드시 필요한
교양인 것이다.

세계 종교 지도

유대교 ······················· ●
그리스도교
 ├─ 가톨릭 ··············· ●
 ├─ 개신교 ··············· �
 └─ 정교회 ··············· ⊕
이슬람교 ······················· ●
불교 ·························· ◉
힌두교 ······················· ●
유교 · 도교 · 불교 ········· ●
신토 · 불교 ··············· ●

『최신 세계사 도설 태피스트리』(제국서원)를 바탕으로 작성. 또한 대략적인 종교 분포를 나타낸 것이며, 실
제로는 각 지역에 다양한 종교가 뒤섞여 있다.

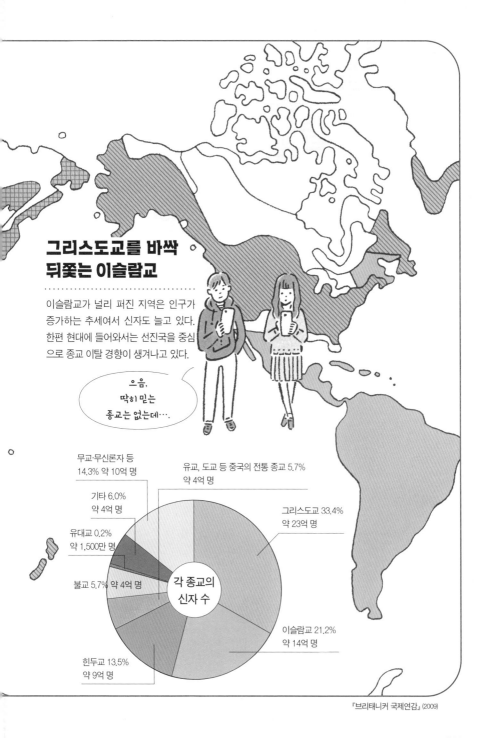

그리스도교를 바싹
뒤쫓는 이슬람교

이슬람교가 널리 퍼진 지역은 인구가
증가하는 추세여서 신자도 늘고 있다.
한편 현대에 들어와서는 선진국을 중심
으로 종교 이탈 경향이 생겨나고 있다.

으음,
딱히 믿는
종교는 없는데….

무교·무신론자 등
14.3% 약 10억 명

유교, 도교 등 중국의 전통 종교 5.7%
약 4억 명

기타 6.0%
약 4억 명

그리스도교 33.4%
약 23억 명

유대교 0.2%
약 1,500만 명

불교 5.7% 약 4억 명

각 종교의
신자 수

이슬람교 21.2%
약 14억 명

힌두교 13.5%
약 9억 명

『브리태니커 국제연감』 (2009)

011

5대 종교 연대기

기원전 →　　기원후 →

유대교

BC 13세기,
모세의 이집트 탈출
↓
시나이산에서 십계명을
받음
38쪽

BC 6세기,
유다 왕국이 정복당하면서
바빌론 유수가 시작됨
BC 1세기,
로마 제국과 치른 독립 전쟁에서 패배
41쪽

1세기 무렵,
경전 『타나크』 편찬
42쪽

그리스도교

BC 4년 무렵,
예수 탄생

30년 무렵,
예수가 십자가형에
처해짐
48쪽

1세기 무렵,
예수 제자들의
포교 활동

이슬람교

불교

BC 6세기 무렵,
고타마 싯다르타
(붓다)의 탄생과
입적
92, 94쪽

BC 3세기 무렵,
불교가 인도에 확산됨

BC 3세기 무렵,
상좌부와 대중부로
분열

1세기 무렵,
대승 불교와
상좌부 불교가
아시아로 확산됨
98쪽

힌두교

BC 10세기 무렵,
인도에 침입한 아리아인이
브라만교를 만듦
88쪽

1세기 무렵,
브라만교가 오늘날까지
이어지고 있는 힌두교로
서서히 탈바꿈함
106, 108쪽

이 책에서 소개하는 5대 종교의 탄생부터 현대에 이르는 대략적인 역사를 소개한다. 각 주제에 대한 상세한 내용은 참고 페이지를 살펴본다.

2세기~　　　　　　　　　　　10세기~

5세기 무렵,
제2의 경전인
『탈무드』 편찬
42쪽

313년,
로마 제국에서
그리스도교를 공인
392년,
로마 제국의 국교로
54쪽

381년,
삼위일체론
채택
56쪽

397년,
『성경』이
지금의
형태로
51쪽

1054년,
로마 교황과 콘스탄티노플 총대주교가
상호 파문하면서 동서 교회 분열
서 → 가톨릭
동 → 정교회
55쪽

570년 무렵,
무함마드 탄생.
이후 최초의 계시를 받음
622년,
무함마드가 메카에서
메디나로 이주

632년,
무함마드 사망
70쪽

650년 무렵,
정통 칼리파
시대로, 경전인
『코란』 편찬
72쪽

661년,
우마이야 왕조 성립.
이후 칼리파 자리를
둘러싸고 갈등이
생기면서 시아파가 분파
80쪽

15세기 무렵부터
오스만 제국이
부상
82쪽

2세기 무렵,
불상 제작이 시작
됨
102쪽

7세기 무렵,
밀교(중기 밀교) 성립. 일본 승
려 사이초가 천태종을, 구카이
가 진언종을 일본에 전파함
100쪽

불교는 힌두교와
습합하면서 서서히
쇠퇴

8세기 무렵부터
무슬림 상인들을
통해 이슬람교가
인도에 전래됨

유대교

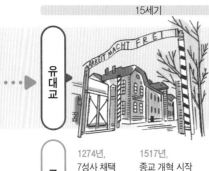

제2차 세계 대전 중, 나치의 홀로코스트 (유대인 대학살)가 시작됨

1948년, 이스라엘 독립 선언

1948년, 중동 전쟁 시작(총 4회) **86쪽**

그리스도교

1274년, 7성사 채택 **58쪽**

1517년, 종교 개혁 시작 ↓ 개신교 탄생 **62쪽**

16~18세기, 청교도 혁명, 프랑스 혁명, 미국 독립 전쟁 등 전쟁과 혁명이 빈발 **64쪽**

2013년, 최초의 남미 출신 교황인 프란치스코 교황 취임

이슬람교

1920년대, 여러 아랍 국가가 독립

1948년, 중동 전쟁 시작(총 4회) **86쪽**

1979년, 이란 혁명 발발

2001년, 미국 9·11 테러 발생

불교

11세기 무렵부터 일본에서 정토종, 정토진종 등 가마쿠라 신불교 탄생 **152쪽**

에도 시대, 일본에서 단가 제도 시작 **154쪽**

제2차 세계 대전 이후, 중국에서 티베트 자치구(티베트 불교) 탄압 시작 **165쪽**

힌두교

16세기, 이슬람 왕조인 무굴 제국 성립. 이슬람교와 힌두교의 발전적 통합을 목표로 한 시크교가 탄생

1600년, 영국이 동인도 회사 설립 **110쪽**

1947년, 인도·파키스탄 분리 독립. 이듬해 간디가 암살됨

종교의 핵심을 살펴본다
'종교의 5가지 키워드'

세계 5대 종교의 실상을 살펴보기에 앞서 종교의 기본적인 개념과 가치관을 소개한다. 종교가 탄생한 과정, 동서양 종교관의 차이점, 종교와 사회생활의 관계를 미리 알아두면 종교를 이해하기가 더욱 수월할 것이다.

종교의 기원,
인간은 왜 신을 믿게 되었을까

인류의 역사와 함께해 온 종교

동굴벽화, 피라미드, 신석기 시대 유물인 토기, 토우 등 '종교적 신앙의 기원'이라고
하면 대다수의 사람들이 떠올릴 수 있는 것들이다. 하지만 유물의 기원은 추정할 뿐
이라서 명확한 시작은 알기 쉽지 않다. 다시 말하면 종교의 기원에 대한 정확한 답은
아직 찾지 못한 것이라 할 수 있다. 다만 앞서 언급한 유물이 종교가 탄생하는 데 영
향을 미친 것이 무엇인지 추측해볼 수 있다.

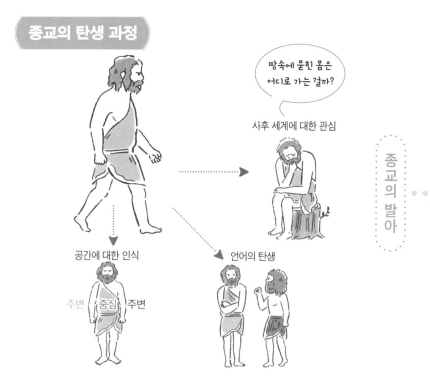

종교의 탄생 과정

땅속에 묻힌 몸은
어디로 가는 걸까?

사후 세계에 대한 관심

종교의 발아

공간에 대한 인식

주변   중심   주변

언어의 탄생

≫ 동굴벽화 동굴이나 암벽의 벽면 및 천장에 그려진 들소나 말 등의 그림. 스페인 북부에 있는
알타미라 동굴, 프랑스 서남부에 있는 라스코 동굴의 벽화가 유명하다.

최근 연구에 따르면 인류는 약 700만 년 전에 직립보행을 시작했다고 한다. 직립보행 이후 신체가 발달하고 두뇌가 진화하면서 언어가 생겨났다. 그리고 과거, 미래, 죽음처럼 '보이지 않는 것'을 표현할 수 있게 되었다. 인류는 식량을 효율적으로 확보하기 위해 집단생활을 시작했고 자연스럽게 '날씨는 누가 지배하는 걸까?', '누가 우리를 지배하는 걸까?'와 같은 의문이 생겨났을 것이다. 그리고 어느 시기인가부터 집단으로 제사 의식 등을 치르게 되었을 것이다. 종교는 이런 과정을 거쳐 탄생했으리라 짐작된다.

종교의 발전

가축을 지배하는 쪽과 지배받는 쪽의 관계성에 대해 생각하다가 자신들을 지배하는 신이 있다는 생각에 이르렀다!?

농업은 날씨와 자연재해의 영향을 받는다. 그러다 보니 기후를 좌우하는 '신'이 존재한다고 느끼게 되었다.

종교는 한 집단이 같은 대상을 믿으면서 생겨난다. 농경과 목축, 인간의 죽음을 겪으면서 토착 신앙이 형성되어 갔다.

» **피라미드** 큰 돌을 쌓아 만든 사각뿔 모양의 거대한 건조물로 이집트, 중남미 등에서 볼 수 있다. 그 지역의 왕이나 권력자의 무덤으로 세워졌다는 설이 유력하지만 건설 방법 등에 대해서는 여전히 수수께끼가 많다.

01
종교의 역사

종교와 사상의 경지가 깊어진 '축의 시대'

종교계의 주요 인물들의 등장

기원전 500년 무렵, 인류에게 거대한 전환기가 찾아왔다. 사회의 기반을 이루는 사상이 세계 곳곳에서 동시다발적으로 탄생한 것이다.

중국에서는 공자(유교 창시자), 노자(도교 창시자) 등의 제자백가, 인도에서는 우파니

축의 시대는 기원전 500년 무렵에 일어났다

소크라테스

나는 내가 모른다는 것을 안다

그리스

절대적 진리가 존재한다고 설파한 소크라테스, 그의 제자이자 이데아론으로 유명한 플라톤, 모든 학문의 아버지라고 불리는 아리스토텔레스의 '3대 철학자'가 활약했다.

이란

자라투스트라(조로아스터)가 조로아스터교를 창시. 천지창조, 최후의 심판 같은 사상의 기원이며 일신교에 지대한 영향을 미쳤다.

팔레스타인

유대교에서 3대 예언자로 꼽히는 이사야, 예레미야가 등장. 이들은 훗날 탄생한 일신교의 전통에서도 중요하게 여겨진다.

그리스
소크라테스 아리스토텔레스 플라톤

이란
조로아스터교

팔레스타인
이사야, 예레미야 등의 예언자

인도
우파니샤드 철학
불교
자이나교

》 **제자백가** '제자'는 공자, 노자, 손자 등의 여러 학자들을 가리키고 '백가'는 유가, 도가, 병가 등의 수많은 학파를 의미한다.

샤드 철학과 고타마 싯다르타(붓다: 불교 창시자)가 등장했고, 이란에서는 자라투스트라(조로아스터교 창시자)가 독자적인 사상을 구축했다. 한편 팔레스타인에서는 일신교의 주요 예언자인 이사야, 예레미야 등이 활동했다. 그리스에서도 소크라테스, 플라톤 같은 철학자가 한 시대를 풍미했다.

독일의 근대 철학자인 카를 야스퍼스는 여러 종교와 서양 철학의 경지가 깊어진 이 시기를 '축의 시대'라고 명명했다. 그는 집단생활을 통해 의식주를 갖춘 인류가 그 다음 단계로 정신적 깨달음을 얻은 시대라고 지적했다.

인류가 탄생한 후 수만 년 동안 이어져 오던 시대가 거대한 전환기를 맞이한 것이다.

공자

옛것을 익혀 새것을 안다 (온고지신)

중국

춘추전국시대에 접어들자 각 지역의 제후들은 부국강병을 위해 새로운 사상가를 원했다. 그런 환경에서 공자(→162쪽), 노자(→163쪽), 손자 등의 사상들이 활약했다.

축의 시대

중국
제자백가
공자, 노자 등의
사상가

인도

불교와 힌두교에 영향을 준 우파니샤드(→88쪽) 철학이 탄생. 붓다가 창시한 불교, 마하비라가 창시한 자이나교(→104쪽)가 등장했다.

>> **예언자** 주로 일신교 세계에서 신의 메시지를 인간에게 전달하는 사람. 예수, 무함마드 등이 포함되며, 종교에 따라 존경받는 예언자가 다르다.

01
종교의
역사

'확대'를 중시하는 세계종교와
'연대'를 중시하는 민족종교

반드시 '유대교 신자가 유대인'인 것은 아니다

세계종교는 창시자가 있고 국가나 지역, 인종 등을 넘어 널리 퍼진 종교를 가리킨다. 그리스도교, 이슬람교, 불교 등이 여기에 해당한다.

한편 민족종교는 각 지역에서 민족의 성립과 함께 탄생한 종교를 가리키며, 특정

민족종교의 가치관

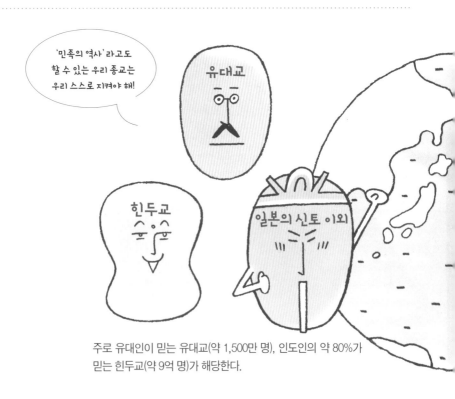

주로 유대인이 믿는 유대교(약 1,500만 명), 인도인의 약 80%가
믿는 힌두교(약 9억 명)가 해당한다.

한 창시자가 없다는 특징이 있다. 유대인이 믿는 유대교, 인도인이 믿는 힌두교, 일본인이 믿는 신토 등이 여기에 해당한다.

하지만 세계종교와 민족종교를 구분하기에 모호한 부분도 있다. 예를 들어 유대교는 대표적인 민족종교로 꼽히지만, 유대인이라고 모두 유대교를 믿는 것은 아니다. 게다가 유대인이 아닌데 유대교로 개종한 사람도 있다. 힌두교 역시 많은 인도인이 믿기는 하지만, 인도인이 아니어도 신자가 될 수 있다.

이렇듯 딱 잘라 구분하기는 어렵지만 보편적인 교리가 있고 신자를 세계적으로 확대하려 하는 종교를 세계종교, 동일 민족의 연대감을 중시하는 종교를 민족종교라고 할 수 있다.

세계종교의 가치관

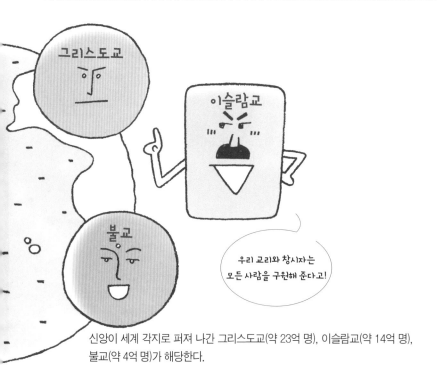

우리 교리와 창시자는 모든 사람을 구원해 준다고!

신앙이 세계 각지로 퍼져 나간 그리스도교(약 23억 명), 이슬람교(약 14억 명), 불교(약 4억 명)가 해당한다.

02 일신교와 다신교

구분이 모호한 일신교와 다신교

세상의 신은 단 하나일까

종교를 세계종교와 민족종교로 구분하기도 하지만, 오직 하나의 신만을 숭배하는 일신교, 여러 신을 숭배하는 다신교로 분류하기도 한다.

일신교의 대표적인 예가 유대교, 그리스도교, 이슬람교다. 모두 셈어를 사용하는 지역에서 탄생한 종교여서 셈 계열 일신교라고 불리기도 한다. 한편 800만의 신을

일신교와 다신교의 관계

- 절대적인 유일신을 숭배
- 그리스도교, 유대교, 이슬람교 등
- 미국, 유럽, 중동 중심

일신교 세계

병이 낫게 해주세요.

실제로는…

다신교적인 측면도 있다

그리스도교의 성유물 숭배
그리스도교는 일신교다. 하지만 신앙을 지키기 위해 죽음(순교)을 선택한 성인이나 성인의 유품을 숭배 대상으로 삼는 일도 있다.

》 **셈어** 서아시아, 아라비아반도 등에 거주하는 민족이 사용하는 언어를 통틀어 부르는 말. 아랍어, 히브리어 등이 포함된다.

모시는 일본의 신토, 시바 등의 3대 신을 숭배하는 힌두교 등의 다신교에서는 여러 신이 숭배 대상이다.

이런 배경으로 인해 다신교 세계에서 사는 사람들은 '일신교는 배타적, 다신교는 관용적'이라는 이미지를 갖기 쉽다. 하지만 신앙의 실상을 들여다보면 일신교와 다신교를 구분하기가 애매한 부분이 있다.

예를 들어 일본인이 신사에서 참배할 때, 특별히 의식하지는 않지만 '그 신사에서 모시는 신'에게 참배하는 경우가 많다. 한편 그리스도교에도 다신교적인 측면이 있다.

이렇듯 일신교와 다신교로 나눠서 비교하기보다는 다음 페이지에서 소개할 '신(神)'과 '공(空)·무(無)'로 구분하는 편이 종교를 이해하는 데 더 도움이 될 것이다.

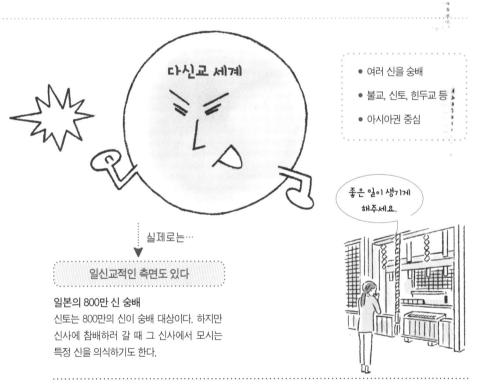

다신교 세계

- 여러 신을 숭배
- 불교, 신토, 힌두교 등
- 아시아권 중심

좋은 일이 생기게 해주세요.

실제로는…

일신교적인 측면도 있다

일본의 800만 신 숭배
신토는 800만의 신이 숭배 대상이다. 하지만 신사에 참배하러 갈 때 그 신사에서 모시는 특정 신을 의식하기도 한다.

››› **성인** 가톨릭에서 순교했거나 경건한 삶을 살아서 공경받는 인물. 성유물이라고 하여 성인의 유품이나 유골이 숭배 대상이 되기도 하였다.

02

일신교와
다신교

서양과 동양의 종교 차이는
'신'과 '무'

그리스도교와 불교로 보는 종교관의 차이

그리스도교에서 신은 영어로 'God' 외에 'the Creator'라고도 부르듯 이 세상을 창
조한 분이다. 신이 세상과 인간을 창조했으니 세상을 끝내는 것도 신이라고 여긴다.
그래서 그리스도교 세계관에서는 인류를 지켜주는 구세주 예수를 믿으면 이 세상이
끝날 때 구원받을 수 있다고 생각한다.

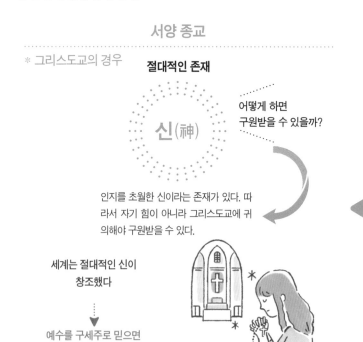

서양 종교

* 그리스도교의 경우

절대적인 존재

신(神)

어떻게 하면
구원받을 수 있을까?

인지를 초월한 신이라는 존재가 있다. 따
라서 자기 힘이 아니라 그리스도교에 귀
의해야 구원받을 수 있다.

**세계는 절대적인 신이
창조했다**

예수를 구세주로 믿으면
최후의 심판을 거쳐
천국으로 갈 수 있다

한편 불교는 '세상을 창조한 신은 없으며, 공(空)·무(無)가 이 세상의 궁극적인 원리다'라는 입장이다. 즉 세상의 모든 현상은 공이나 무를 전제로 인과의 이치에 따라 생겨난다고 본다. 그런데도 건강이나 장수 등에 집착하기 때문에 괴로움이 생기는데, 이러한 진리를 깨달으면 누구나 부처(붓다)가 될 수 있다는 것이 불교의 기본적인 가르침이다. 요컨대 불교 세계에 사는 사람들은 절대적인 신이 없기에 인간은 자유로우며 깨달음을 통해 정신을 풍요롭게 할 수 있다고 생각하는 것이다.

신에 대한 이러한 관점의 차이는 서양 종교와 동양 종교를 이해하는 데 꼭 필요한 요소다.

동양 종교

절대적인 존재

※ 불교의 경우

공(空)
·
무(無)

어떻게 하면
진리를 깨달을 수 있을까?

세상에는 시작도 끝도 없다. 깨달음에 이르는 길은 모든 사람에게 열려있으며, 세상의 진리를 깨달으려면 수행해야 한다.

VS

**절대적인 존재는 없으며,
세상은 인과의 반복으로
이루어진다**

▼

인과의 이치를 깨닫고
바르게 행동하면 누구나
부처가 될 수 있다

》》 **인과** '인과응보(좋은 일을 하면 좋은 결과가, 나쁜 일을 하면 나쁜 결과가 따름)'라는 말처럼 원인(因)에 따른 결과(果)가 나타난다는 불교 사상.

종교와 정치의 균형에 따라 달라지는 국가 통치의 방향성

종교를 국가 통치에 이용한 로마 제국

종교가 민중 사이에 확산하면 통치자는 종교의 힘을 무시할 수 없게 된다. 그런 상황이 여실히 드러난 사례가 로마 제국이다.

원래 로마 제국 황제들은 황제 숭배를 거부하는 그리스도교 신자를 박해하는 경향

세속 국가와 종교 국가의 차이점

정치와 종교가 하나로 엮여(정교일치) 종교 권력이 세속
세계에도 영향을 미치는 국가. 중세 유럽과 현대 이슬람
국가, 넓게는 영국 등도 해당한다.

이 있었다. 하지만 신자는 계속 늘어났고 황제가 거듭 교체되는 등 혼란이 이어지면서 로마 제국의 국력도 점차 약해졌다. 그러자 로마 황제는 국가 통치에 그리스도교를 '이용'했다. 313년 그리스도교(가톨릭)를 공인했고, 훗날 국교로 인정하기에 이른 것이다.

또 로마 제국에는 세속 사회를 규제하는 법인 로마법이 있었다. 그리스도교는 성직자가 있다는 점에서 알 수 있듯 성스러운 세계와 세속 세계를 분리한다. 즉 세속 세계에 간섭하지 않는 그리스도교는 로마 제국 입장에서 안성맞춤이었던 것이다.

이러한 성속(거룩함과 속됨)의 분리는 현대의 국가 통치에도 이어지고 있다. 정치와 종교를 철저히 분리하는 나라를 세속 국가, 종교가 국교로 정해진 나라를 종교 국가라고 한다.

일치형
사우디아라비아　　이란

중간형
영국　　이탈리아

분리형
프랑스　　한국

정치와 종교가 엄격하게 분리된 분리형, 하나로 엮인 일치형 외에 종교의 자유를 보장하면서도 교육 현장 등에서는 특정 종교를 우선시하는 영국의 영국국교회(영국 국왕이 수장임), 이탈리아의 가톨릭 같은 중간형도 있다.

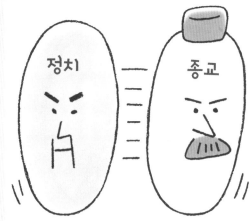

세속 국가

정치와 종교가 분리된(정교분리) 세속주의 국가. 국민에게 종교의 자유를 보장하고 종교 강요를 금지한다. 프랑스와 한국이 대표적이다.

》》 **출가**　주로 불교에서 속세의 삶을 버리고 절에서 수행에 몰두하는 일을 뜻한다. 넓은 의미에서는 가톨릭 신자가 수도원에 들어가 수도사나 수녀로 생활하는 것도 포함된다.

03
사회 규범과 성지
성지, 예배, 규범, 식습관 등 생활에 뿌리내린 종교의 모습

일상생활처럼 하는 종교적 실천

종교는 탄생한 이래 오래도록 계승되어 왔다. 그래서 현대인의 생활에도 교리에 따른 행동과 신앙의 실천이 뿌리박혀 있다. 보통 '믿는 종교가 없다'고 말하는 일본인도 새해 첫날 신사를 찾아 참배하며 새해 소망을 빌거나 불교식으로 장례를 치르는 등 종교적인 생활을 하고 있다.

세계의 주요 성지

창시자나 성인과 관련된 장소
불교 창시자인 붓다가 깨달음을 얻은 부다가야(인도), 초대 로마 교황인 성 베드로가 묻힌 성 베드로 대성당(바티칸 시국) 등

부다가야

기적이 일어난 장소
성모 마리아가 나타난 루르드(프랑스), 예수 그리스도가 물을 포도주로 바꾸는 기적을 일으킨 갈릴리 호수(이스라엘) 등

루르드 대성당

교리를 실천하는 장소
이슬람교 신자들이 일생에 한 번은 꼭 순례해야 하는 카바 신전(사우디아라비아), 유대교의 상징인 통곡의 벽(예루살렘) 등

카바 신전

신앙을 실천하는 가장 좋은 예로는 성지 순례를 들 수 있다. 성지란 종교에서 신성하게 여기는 장소를 말한다. 예루살렘에 있는 유대교의 상징인 '통곡의 벽'처럼 종교마다 성지가 있다. 성지의 종류는 종교 창시자나 성인 등 중요 인물과 관련된 장소, 기적 체험 등 특히 주목할 만한 사건이 일어난 장소, 교리를 실천하는 장소로 나눌 수 있다.

종교의 계율과 규칙을 따르는 것 역시 종교적 실천이다. 종교에 따라 식사와 관습을 엄격하게 규정하기도 한다. 한편 교리나 종교관의 차이로 인한 종교 간의 충돌이 사회 문제로 발전하는 일도 드물지 않다.

계명·계율을 지키는 것이 곧 종교의 실천

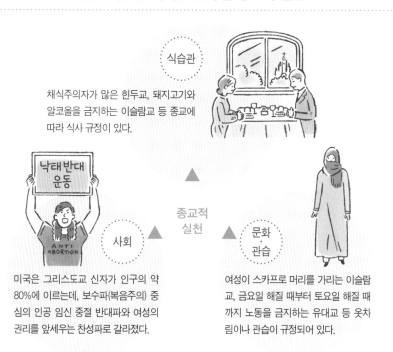

식습관
채식주의자가 많은 힌두교, 돼지고기와 알코올을 금지하는 이슬람교 등 종교에 따라 식사 규정이 있다.

종교적 실천

사회
미국은 그리스도교 신자가 인구의 약 80%에 이르는데, 보수파(복음주의) 중심의 인공 임신 중절 반대파와 여성의 권리를 앞세우는 찬성파로 갈라졌다.

문화·관습
여성이 스카프로 머리를 가리는 이슬람교, 금요일 해질 때부터 토요일 해질 때까지 노동을 금지하는 유대교 등 옷차림이나 관습이 규정되어 있다.

≫ **루르드** 1858년에 성모 마리아가 나타났다고 해서 유명해진 프랑스 남서부 지역의 소도시다. 루르드 대성당에 있는 루르드(Lourdes) 샘의 샘물에 불치병을 치유하는 힘이 있다고 알려져 있다.

종교와 경제의
떼려야 뗄 수 없는 관계

경제 발전과 함께 확장하는 종교

종교에서 경제란 무시할 수 없는 문제다. 종교는 과연 어떻게 돈을 벌까? 독일 등의 국가에서는 그리스도교 교회의 경비를 마련하기 위해 교회세를 거두는데, 한국이나 일본에는 그런 제도가 없다. 그 대신 종교법인이 하는 사업에 비과세(종교 활동) 또는 감세(수익 사업)라는 세금 혜택을 준다. 일본을 예로 들면 신사나 사찰에서 운세 점괘 뽑기나 묘지를 판매해 얻은 이익은 비과세, 기관 잡지를 발행하거나 부동산 사업을 통해 얻은 이익은 감세 대상이다.

종교의 수익 활동

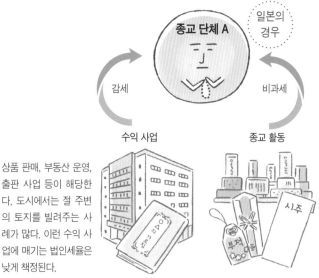

종교 단체 A

일본의 경우

감세   비과세

수익 사업   종교 활동

상품 판매, 부동산 운영, 출판 사업 등이 해당한다. 도시에서는 절 주변의 토지를 빌려주는 사례가 많다. 이런 수익 사업에 매기는 법인세율은 낮게 책정된다.

신자들의 시주와 기부는 비과세다. 그래서 신자가 많을수록 운영이 안징직이다. 부적 판매, 묘지 대여 등도 비과세다.

시주

부적 대여

이외에도 경제와 종교는 밀접한 관계가 있다. 국가 경제가 성장하면 국민들은 더 좋은 일자리를 찾아 도시로 이주한다. 하지만 경제 발전은 빈부 등의 격차 확대로 이어지기 쉽다. 게다가 지방의 공동체 사회를 떠나 도시에서 살며 외로움을 느끼는 사람도 많다.

이런 상황에서 종교가 등장한다. 종교 생활을 통해 외로움에서 벗어나 본 사람은 차츰 '예전의 나처럼 괴로움에 시달리는 사람을 더 많이 구해주고 싶다'고 생각하게 된다. 제2차 세계 대전 이후 일본에 신흥 종교가 우후죽순 생겨난 현상, 최근 들어 브라질을 비롯한 중남미에 개신교가 확산하는 현상도 이렇게 해석할 수 있다.

하지만 경제 성장을 이루고 나면 종교의 역할은 줄어든다. 최근 들어 유럽의 그리스도교나 일본의 신흥 종교가 쇠퇴하고 있다는 지적이 있는데, 그 배경에는 이런 경제 상황이 얽혀 있다.

종교는 경제 성장과 함께 확장한다

》》 **교회세** 종교 신자들에게 부과되는 세금으로 주로 북유럽 국가에서 시행한다. 대표적인 나라인 독일은 교회세로 8~9%를 부과한다.

05

종교의
세속화

현대 세계에서 종교가
향하고 있는 방향

신자가 늘고 있는 이슬람교도 결국에는 사라진다

최근 들어 이슬람교와 개신교(복음주의)가 확산하는 추세다. 그러나 이런 경향이 오래
계속되지는 않을 것이다. 경제가 성숙기에 접어든 후 종교 이탈이 진행된 일본처럼
이슬람교와 복음주의 역시 종교의 영향력은 약해질 것(세속화)으로 예상된다.

　실제로 이슬람 국가이자 경제가 성장하고 있는 이란에서도 서구식 패션이 인기를
끌고 있고, 정부 규제를 교묘히 피해 SNS를 사용하는 사람이 많다고 한다. 경제가 성
숙 단계에 접어들면 종교의 영향력이 약해져 서서히 사그라지는 것은 많은 종교가
밟아가는 경로라고 할 수 있다.

종교는 결국 소멸될지도 모른다

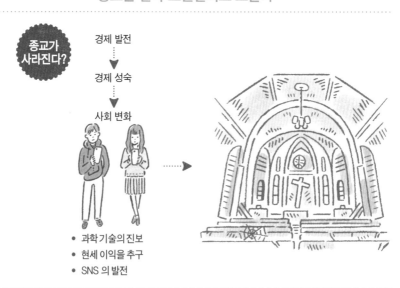

종교가
사라진다?

경제 발전

경제 성숙

사회 변화

- 과학 기술의 진보
- 현세 이익을 추구
- SNS의 발전

>>> **세속화**　사회제도와 일상생활에 큰 영향력을 미쳐 온 종교의 힘이 약해지고 세속적인 규제의
　　형태로 바뀌는 사회과정

비교를 통해 이해한다
'세계 5대 종교'

종교를 크게 서양 종교(유대교, 그리스도교, 이슬람교)와 동양 종교(불교, 힌두교)로 나눠서 5대 종교의 개요를 살펴본다. 종교의 탄생부터 현재에 이르기까지 각 종교의 교리와 실태를 알아본다.

호칭은 다르지만 '공통의

공통점이 많은 '형제 종교'

서양은 보통 일신교 문화다. 기원전 13세기 무렵, 히브리인(유대인)이 유일신을 믿는 유대교를 만들었다. 그 후 가지가 뻗어나가는 형태로 그리스도교와 이슬람교가 탄생했다. 이런 배경이 있다 보니 유대교는 신과 계약한 유대 민족만이 구원받는다고 생각하고 그리스도교는 신을 믿으면 모든 사람이 구원받는다고 생각하는 등의 차이

서양 종교의 '신'과 '구원'의 관계

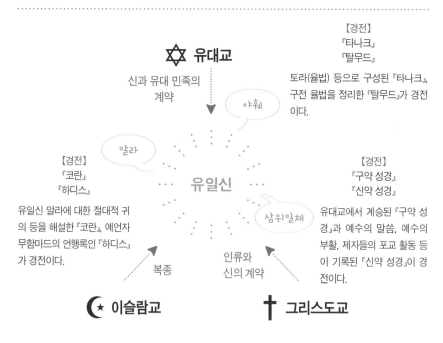

【경전】
『타나크』
『탈무드』

토라(율법) 등으로 구성된 『타나크』,
구전 율법을 정리한 『탈무드』가 경전
이다.

✡ 유대교

신과 유대 민족의
계약

야훼

알라

유일신

삼위일체

【경전】
『코란』
『하디스』

유일신 알라에 대한 절대적 귀
의 등을 해설한 『코란』, 예언자
무함마드의 언행록인 『하디스』
가 경전이다.

【경전】
『구약 성경』
『신약 성경』

유대교에서 계승된 『구약 성
경』과 예수의 말씀, 예수의
부활, 제자들의 포교 활동 등
이 기록된 『신약 성경』이 경
전이다.

복종

인류와
신의 계약

☾ 이슬람교

✝ 그리스도교

>>> **구전 율법** 유대교 율법학자 등이 『타나크』(→42쪽)를 해석한 내용이 구전(口傳)으로 전해진 것.
이에 반해 토라(모세오경)를 성문 율법이라고 한다.

신'을 믿는 일신교

점이 있지만, 세 종교에는 공통점이 많다.

예를 들어 세 종교는 모두 같은 신을 믿는다. 신이 천지를 창조했으며 죽고 나면 최후의 심판에서 천국에 갈지 지옥에 갈지가 결정된다고 보는 사생관도 공통된다. 또 세 종교 모두 박해 받은 역사가 있어서 순교자를 숭배한다.

서양 종교의 사생관 천국과 지옥

	이슬람교			그리스도교
순교자	지하드(성전)에서 순교한 사람에게는 천국이 약속된다.		그리스도교 신자	최상의 기쁨을 얻을 수 있는 천국으로 간다.
이슬람교 신자	현세에서 한 선행과 악행이 모두 기록되며, 무덤 속에서 종말의 날을 기다린다.		세례를 받기 전에 죽은 어린아이 등	천국과 지옥, 또는 연옥 그 어디에도 가지 못한 사람들은 고성소(림보)로 간다.
이슬람교 신자가 아닌 사람	무덤 속에서 벌을 받으면서 종말의 날을 기다린다.		가벼운 죄를 지은 사람	천국에 가기 위해 죄를 씻어내는 곳인 연옥으로 간다.
			그리스도교 신자가 아닌 사람	고통을 맛보는 지옥으로 간다. 연옥에도 가지 못한 채 최후의 심판을 기다린다.

종말의 날
어느 날 갑자기 천지가 무너지고, 죽은 자가 살아있을 때와 똑같은 모습으로 부활한다.

최후의 심판

천국 또는 지옥

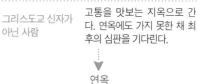

연옥
살아있는 동안 지은 죄를 씻고 천국에 가기 전에 일시적으로 머무른다고 믿는 장소이다.

최후의 심판

천국 또는 지옥

》 **순교** 신앙을 지키기 위해 목숨을 바치는 일. 박해의 역사가 있는 일신교에서는 신앙 때문에 목숨을 잃은 순교자를 숭배한다.

유 대 교

율법을 중시하는
✡ 유대교

BC 1250년

Key 1

모세의
이집트 탈출

38쪽

Key 2

바빌론 유수로
나라를 잃음

로마 제국과 치른
독립 전쟁에서 패배

40쪽

모세

예루살렘 성전 파괴

≫ **가나안** 팔레스타인 지방의 옛 이름. 유대교에서는 신이 유대인의 조상 아브라함에게 준 약속의 땅이라고 여긴다.

유대교는 박해와 디아스포라의 역사를 가졌다. 혹독한 상황에서도 민족의 일체감을 지키기 위해 엄격한 율법이 생겨났다. 제2차 세계 대전 이후 간절히 바라던 이스라엘 국가를 건설했지만 다른 종교와 계속해서 대립하고 있다.

아우슈비츠
강제 수용소

스티븐
스필버그

Key 3

거듭되는
박해

42쪽

Focus!

간절히 바라던
이스라엘 건국

86쪽

1948년

다윗의 별

통곡의 벽

>>> **시오니즘** 19세기 말 유대인들이 유럽에서 시작한 국가 건설 운동. 시온(예루살렘, 팔레스타인)에 유대 민족국가를 건설하는 것이 목표였다.

약속의 땅을 향하여

이집트 탈출 후 모세가 십계명을 받다

파라오에게서 도망치던 유대인들에게 일어난 기적

팔레스타인에서 이집트로 이주한 히브리인(유대인)들은 현지의 왕인 파라오에게 박해받고 있었다. 그러던 📍기원전 13세기 무렵, 신의 계시를 받은 모세가 히브리인들을 이끌고 이집트에서 탈출해 약속의 땅 가나안으로 향했다. 이집트 군대가 뒤쫓았

📍 모세의 이집트 탈출

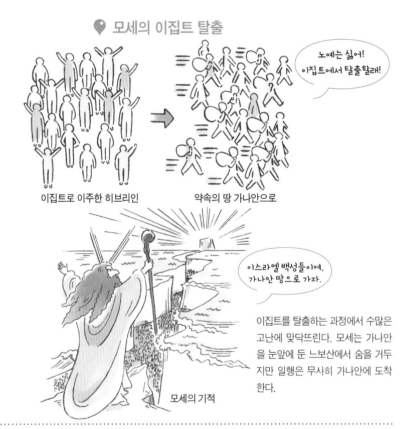

노예는 싫어!
이집트에서 탈출할래!

이집트로 이주한 히브리인

약속의 땅 가나안으로

이스라엘 백성들이여,
가나안 땅으로 가자.

모세의 기적

이집트를 탈출하는 과정에서 수많은 고난에 맞닥뜨린다. 모세는 가나안을 눈앞에 둔 느보산에서 숨을 거두지만 일행은 무사히 가나안에 도착한다.

》》 **모세의 기적** 파라오가 보낸 병사들로부터 도망치던 도중에 모세가 바다를 둘로 갈라 길이 생기게 한 기적을 말한다.

지만 모세가 지팡이를 치켜들자 바다가 양쪽으로 갈라졌다. 히브리인 무리가 바다에 생긴 길을 무사히 건너자 바다가 원래대로 돌아갔다. 이집트 군사들은 바닷속에 잠겼고 히브리인들은 탈출에 성공했다.

가나안으로 향하던 도중 📍모세는 시나이산(현재는 이집트 영토)에 올라 신 야훼와 맺은 계약인 십계명이 새겨진 석판을 받았다. 그 후 40여 년간 방랑 생활이 이어지고, 모세는 가나안 땅에 도착하기 얼마 전에 최후를 맞이한다. 그래서 유대교에서는 모세를 아주 중요한 예언자 중 한 사람으로 여긴다.

십계명에는 야훼 이외의 신을 섬기지 말 것, 우상을 섬기지 말 것 등의 계명이 쓰여 있어 그리스도교, 이슬람교로 이어지는 일신교의 근간이 성립되었다.

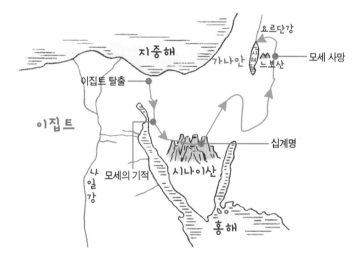

📍 모세가 시나이산에서 받은 십계명

1. 나는 너희의 신이다. 나 이외의 다른 신을 섬기지 말라.
2. 우상 숭배를 하지 말라.
3. 신의 이름을 함부로 부르지 말라.
4. 6일 일하면 7일째는 기도하기 위해 쉬라.
5. 부모와 조상을 공경하라.
6. 살인하지 말라.
7. 간음하지 말라.
8. 도둑질하지 말라.
9. 거짓으로 증언하지 말라.
10. 네 이웃의 재물을 탐하지 말라.

>>> **아브라함** 이스라엘 민족의 시조이자 최초의 예언자. 신앙심이 깊어서 신의 명령을 거스르지 않는 사람으로 숭상되며 유대교, 그리스도교, 이슬람교에서 신자의 모범으로 여겨진다.

수차례의 역경에 맞닥뜨리다

바빌론 유수와 성전 파괴가 초래한 결과

거듭된 고난으로 율법을 더욱더 중시하게 된 유대인

기원전 10세기 무렵, 유대인이 이스라엘 왕국을 세우고 솔로몬왕 시대에 제1성전 (예루살렘 성전)을 건설했다. 그러나 솔로몬왕이 사망한 후 왕국은 북쪽의 이스라엘 왕국과 남쪽의 유다 왕국으로 분열되었다. 훗날 양국은 모두 외부 세력에 정복당했고, ♥신바빌로니아에 정복된 유다 왕국의 유대인들은 바빌론에 포로로 끌려갔다 (바빌론 유수).

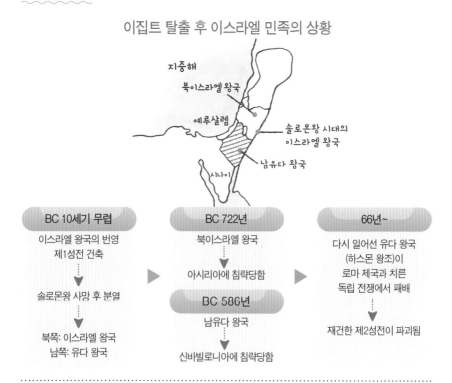

이집트 탈출 후 이스라엘 민족의 상황

지중해
북이스라엘 왕국
예루살렘
솔로몬왕 시대의 이스라엘 왕국
남유다 왕국
시나이

BC 10세기 무렵	BC 722년	66년~
이스라엘 왕국의 번영 제1성전 건축	북이스라엘 왕국	다시 일어선 유다 왕국 (하스몬 왕조)이 로마 제국과 치른 독립 전쟁에서 패배
▼	▼	▼
솔로몬왕 사망 후 분열	아시리아에 침략당함	재건한 제2성전이 파괴됨
▼	**BC 586년**	
북쪽: 이스라엘 왕국 남쪽: 유다 왕국	남유다 왕국	
	▼	
	신바빌로니아에 침략당함	

≫ **디아스포라** 그리스어로 '흩어진 것'이라는 뜻. 주로 팔레스타인 밖에서 흩어져 사는 유대인을 가리킨다.

기원전 6세기 무렵, 신바빌로니아가 멸망하면서 해방된 유대인들은 이스라엘 지역으로 돌아가 파괴된 제1성전이 있던 땅에 제2성전을 지었다. 그리고 기원전 2세기 무렵에는 하스몬 왕조가 들어서면서 번영을 맞이했다.

하지만 안정은 오래가지 않았다. 로마 제국이 개입하면서 66년부터 독립 전쟁이 벌어진 것이다. ♥이 전쟁에서 패하고 제2성전도 파괴된 후 유대인들은 뿔뿔이 흩어져 사는 디아스포라의 시대를 맞이한다.

유대인들은 이런 역경을 '자신들이 신을 거스른 탓'이라고 해석했다. 성전 파괴까지 맞물리면서 신앙심을 키우기 위해서는 계명을 충실히 따라야 한다고 생각하게 되었다. 그렇게 유대교는 율법을 중시하는 성격이 강해졌다.

♥역경 ① 바빌론 유수

BC 586년

♥역경 ② 신전 파괴

66년

유다 왕국을 정복한 신바빌로니아의 왕은 유다 왕국의 유대인들을 바빌론(현재의 이라크 남부)으로 끌고 가 노예로 삼았다.

바빌론 유수 때 파괴된 제1성전 자리에 재건한 제2성전(현재의 통곡의 벽)도 로마 제국에 의해 파괴되었다.

신전이 없어졌으니 계명을 더욱 중요하게 여기자.

신앙심이 약해서 고난이 닥친 거야. 신앙심을 더 키워야 해.

>> **제2성전**　바빌론 유수 후 이스라엘로 돌아온 유대인들에게 페르시아의 왕 키루스가 성전을 재건하도록 허락했고, 로마 제국에 의해 파괴되기 전까지 유대교 신앙의 중심이었다. 현존하는 제2성전의 외벽 일부가 유대교의 성지로 유명한 통곡의 벽이다.

유대교

생활의 모든 것을 규정
모든 생활을 규정하는 율법주의의 기반

2대 경전에 규정된 유대교의 율법

유대교에서는 유대 율법을 지키는 것이 신앙의 실천이다. 유대 율법의 토대는 2대 경전인 『타나크』와 『탈무드』다.

📍『타나크』는 토라(율법서), 네비임(예언서), 케투빔(성문서)의 세 부분으로 구성되

📍 율법주의의 토대 ①『타나크』

『타나크』= 히브리 성경

분류

① 율법서 ② 예언서 ③ 제서

신의 계율이 적힌 율법서, 구원받는 방법 등이 쓰인 예언서, 시와 교훈 등이 담긴 제서의 3부로 구성됨

- 1세기 무렵에 경전화
- 3부 구성, 총 39권
- 율법서인 토라를 특히 중시
- 그리스도교에서는 『구약 성경』으로 도입

토라(모세오경): 구약성서 앞 부분의 5권

창세기	천지 창조, 인류의 역사 등
출애굽기	모세의 지도 아래 이집트에서 탈출한 이야기
레위기	예배 의식의 규정, 제사이 역할 등
민수기	이집트 탈출 후 유대인 일행이 40여 년 동안 유랑 생활한 기록
신명기	약속의 땅에 도착할 일행에게 모세가 설교한 내용

》》 **시너고그** 성경을 낭독하고 해설하는 집회장. 디아스포라 이후에는 유대인이 예배를 드리는 유대교 회당으로 자리 잡았다.

어 있다. 그중에서도 특히 토라가 중요하다. 예언자 모세가 기록했다고 전해져서 '모세오경'이라고 부르기도 하며, 신이 정한 계율이 적혀 있다.

아무리 그렇다고 해도 기원전에 기록된 계율을 현대에 그대로 적용하기는 쉽지 않다. 그래서 유대교에서는 랍비라고 불리는 율법학자가 토라와 구전으로 전해지는 모세의 가르침을 해석하여 실용적인 해설을 덧붙였다. 이렇게 탄생한 경전이 『탈무드』다. ♥『탈무드』에는 다른 경전에 비해 실용적이고 현대 사회인에게도 통용되는 격언이 많이 수록되어 있다. 또한 『타나크』『탈무드』를 기반으로 안식일 등의 관습과 식사 규정 등이 결정되었다.

토라를 가르치는 '랍비'라는 존재

율법에 정통한 학자를 랍비라고 한다. 시너고그에서 율법을 낭독하거나 설교하는 등 유대인공동체(게토)의 지도자 역할을 하기도 했다. 현대에도 사회 문제가 발생하면 경전을 바탕으로 해결책을 제안한다.

♥ 율법주의의 토대 ② 『탈무드』

『탈무드』

- 랍비들이 편찬
- 5세기 무렵에 완성
- 모세로부터 전해져 온 구전 율법을 수록
- 실용적인 내용

격언의 예

자기보다 현명한 사람이 있을 때는 침묵하라.

돈으로 모든 것을 살 수 있지만 지성만은 살 수 없다.

가장 좋은 선생님은 실패담을 제일 많이 이야기할 수 있는 선생님이다.

≫ **게토** 중세 유럽에서 유대인들이 강제로 이주당한 지역을 말한다. 유대인들은 게토(ghetto) 안에 격리되었고, 게토 주변으로 높은 벽이 세워졌다.

유대교

소고기는 OK, 치즈버거는 NO

알아두면 좋은 유대교의 음식과 관습

"안식일에는 어디에서도 불을 피워서는 안 된다."

유대교 신자는 일상생활에서 안식일과 음식 규정을 가장 중요하게 여긴다.

안식일이란 '6일 일하면 7일째는 기도하기 위해 쉬라'는 십계명에 근거해 노동을 금지하는 날이다. 신자들은 매주 금요일 해질 때부터 토요일 해질 때까지 가족과 함

음식

발이 4개인 동물 중 발굽이 갈라지고 되새김질하는 종류

돼지나 낙타 등은 먹을 수 없다. 돼지의 고기나 뼈를 사용해 만든 육수나 농축액, 지방을 사용해 만든 라드(돼지기름) 등도 금지.

바다·강·호수에 살고 지느러미와 비늘이 있는 종류

어패류는 지느러미와 비늘이 있는 종류만 먹을 수 있다. 오징어, 문어, 새우, 조개류는 금지.

피를 완전히 제거하지 않은 고기

혈액을 입에 넣는 것은 금지. 소고기를 조리할 때는 피를 완전히 빼야 하고 핏물이 떨어질 정도로 구운 것도 먹을 수 없다.

유제품과 고기의 조합

유제품과 고기가 위장에서 쉬면 안 되므로 고기 요리와 유제품을 같은 식탁에 올리는 것도 금지.

※ 되새김질 : 위가 나뉘어져 있어서 한 번 삼킨 음식물을 분해한 후 다시 게워 내 다른 위에서 소화하는 것

께 기도하고 풍성하게 차린 식탁에 둘러앉는 것이 일반적이다. 우리나라로 치면 매주 설날이 찾아오는 것이나 마찬가지다.

세세한 음식 규정(카쉬루트/코셔)도 유대교의 특징이다. 동물은 발굽이 갈라지고 되새김질하는 종류만 먹을 수 있는 데다가 피를 완전히 제거해야만 한다. 또 유제품과 고기가 위 안에 동시에 있는 것도 금지 사항이므로 스테이크는 먹을 수 있어도 치즈버거는 먹을 수 없다.

너무 엄격하게 느껴질지 모르지만 유대교 신자에게는 신앙의 실천이다. 그래서 함께 식사할 일이 있다면 먹을 음식이나 음식점에 대한 정보 등을 미리 공유해 두는 편이 좋다.

관습

안식일을 보내는 방법

금요일 해 질 무렵
불이나 가스 등을 사용할 수 없으므로 미리 음식을 만들어 둔다.

집에서 축복
가족이나 친척들이 모여서 아이에게 선조들이 고초를 겪은 이야기를 들려주는 등 신앙심을 확인한다.

마무리 의식
안식일이 끝나 가면 촛불을 켜고 마지막 의식을 치른다.

남자는 시너고그로
신자들이 시너고그에 모여 예배를 드린다.

식사 전 기도
식사하기 전에 기도를 드리고 식탁에 둘러앉는다. 식탁은 풍성하게 차리는 경우가 많다.

안식일의 금지 사항 예

- 자동차 타기
- 요리하기
- 전기, 가스, 불 사용
- 씨뿌리기(농업)
- 두 글자 이상 글씨 쓰기

유대교의 전통의상 '키파'

신에게 경의를 표하기 위해 남성 유대교 신자들이 쓰는 작은 모자. 평소에 쓰는 사람도 있고 시너고그 등 신성한 장소에서만 쓰는 사람도 있다.

≫ **정통파** 유대교 신자 중에서 계율을 엄격히 지키는 집단. 그보다 더 엄격한 초정통파도 있다. 그밖에 계율을 비교적 자유롭게 해석하는 개혁파, 보수파가 있다. 계율을 거의 지키지 않는 세속파도 있다.

그리스도교

유대교의 한 분파에서
† 그리스도교로

BC 1300년

모세가
십계명을 받다

▶

Key 1

예수 그리스도의
탄생과 부활

48쪽

▶

모세

예수 그리스도

≫ **예수의 제자** 예수 사후에 교단을 운영한 베드로와 야고보, 요한 등의 열두 제자를 말한다. 레오나르도 다빈치의 〈최후의 만찬〉에도 그려졌다.

046

현대 세계에서 신자 수가 가장 많은 그리스도교. 그 시작은 예수의 유대교 개혁 운동이었다. 먼저『신약 성경』이 성립하기까지의 과정을 살펴본다.

바울의 포교 활동

바울의
포교 활동

▶

Key 2

『신약 성경』의
성립

42쪽

레오나르도 다빈치〈최후의 만찬〉

≫ **바울** 원래는 열렬한 유대교 신자로서 그리스도교 신자들을 박해하는 데 앞장섰으나 초월적 체험을 한 후 믿음을 바꿔 그리스도교 전도자가 되었다. 이후 그리스도교를 전도하기 위해 각지를 돌아다니며 이방인 신자를 늘렸지만, 64년 로마 황제 네로에게 처형되었다.

그리스도교

인류 역사상 가장 큰 영향력을 끼치다

예수 그리스도의 탄생과 부활

예수 '사후'에 성립된 그리스도교

창시자의 생애는 대부분 경전이나 전설 등으로 전승된다. 🔾 예수도 실존 인물이라
는 동시대의 역사적 증거는 발견되지 않았으며, 실마리는 『신약 성경』의 복음서뿐이
다.

🔾 예수의 생애

	주요 사건	주요 내용
BC 4년 무렵	수태 고지 (A)	나사렛에 사는 목수 요셉의 약혼녀인 마리아 앞에 천사가 나타난다.
	탄생	베들레헴(현 예수탄생교회)에서 탄생한다.
27년 무렵	세례	요르단강에서 세례 요한에게 세례를 받는다.
	전도 시작 (B)	광야에서 금식하던 중 악마에게 유혹받지만 이를 물리치고 전도를 시작한다.
30년 무렵	박해	유대교 신자들에게 박해받는다.
	최후의 만찬	제자들과 식사하던 도중 제자 가운데 한 명이 배신할 것이라고 예고한다.
	고난(C)	열두 제자 중 하나인 유다의 배신으로 체포되어 십자가형에 처해진다.
	부활(D)	죽은 지 3일 만에 제자들 앞에 모습을 드러낸다. 40일 후 하늘로 올라간다.

수태 고지 (A)

마리아 앞에 천사 가브리엘이 나타나
성령으로 예수를 잉태했다고 알린다.
마리아는 남녀의 성관계 없이 임신(처
녀 수태)했다고 여겨진다.

크리스마스가 예수의 생일이
아니라고!?

사실 어느 복음서에도 예수의 생일에
대한 기록은 없다. 로마 제국에 널리 퍼
져 있던 미트라교의 동지 축제일을 기
반으로 12월 25일로 정해졌다.

≫ **바리새파** 유대교의 실권을 쥐고 있던 종파. 철저한 계율주의로 유명하며, 예수는 이들을 위선
자라고 비판했다.

복음서에 따르면 예수는 마리아의 아들로 태어났다. 이후 악령을 쫓아내는 등 기적을 행하며 유대교(율법주의) 개혁 운동을 강화해 나갔다. 그로 인해 유대교 신자들의 반감을 샀고, 로마에 대항한 혐의로 십자가에 못 박혔다.

그러나 죽은 지 3일째 되던 날, 제자들이 "예수가 부활해서 눈앞에 나타났다"고 증언했다. 이 일을 계기로 예수와 그의 부활을 믿는 집단인 그리스도교가 탄생했다. 보통 예수로 인해 그리스도교가 시작되었다고 하지만, 예수 생전에는 유대교의 분파적인 성격이 강했다. 오히려 열두 제자와 바울 같은 제자들이 로마 제국 내에서 예수의 가르침(복음)을 전파하던 단계부터 그리스도교가 확립되었다고 할 수 있다.

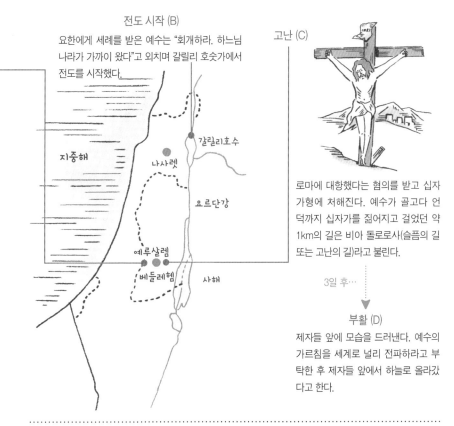

전도 시작 (B)

요한에게 세례를 받은 예수는 "회개하라. 하느님 나라가 가까이 왔다"고 외치며 갈릴리 호숫가에서 전도를 시작했다.

고난 (C)

지중해
나사렛
갈릴리호수
요르단강
예루살렘
베들레헴
사해

로마에 대항했다는 혐의를 받고 십자가형에 처해진다. 예수가 골고다 언덕까지 십자가를 짊어지고 걸었던 약 1km의 길은 비아 돌로로사(슬픔의 길 또는 고난의 길)라고 불린다.

3일 후…

부활 (D)

제자들 앞에 모습을 드러낸다. 예수의 가르침을 세계로 널리 전파하라고 부탁한 후 제자들 앞에서 하늘로 올라갔다고 한다.

》》》 **세례 요한**　사람들에게 죄를 고백하고 회개하라고 설득한 세례자. 예수가 독자적으로 종교 활동을 펼치기 전에 세례 요한에게 세례를 받았다고 한다. 열두 제자인 요한과는 다른 인물이다.

그리스도교 　유대교와의 차이점

그리스도교 교리의 근본, 성경

『구약 성경』과 『신약 성경』의 차이점

앞에서 말했듯 『구약 성경』은 유대교의 경전인 『타나크』에 해당한다. ◉그리스도교에서는 이것을 인간과 신의 '옛 계약'으로 보고 『구약 성경』이라고 이름 붙였다.

그러나 해석에는 차이가 있다. 유대교에서는 경전에 적힌 율법을 중시한다. 반면

◉ 성경 ①
『타나크』를 계승해 『구약 성경』으로

『구약 성경』
- 『타나크』를 계승
- 인간과 신이 맺은 옛 계약
- 예수의 도래가 예언된 책이라고 해석

타나크에는 예수의 도래가 예언되어 있어!

예언자 예레미야는 유다 왕국의 멸망, 신과 새 계약을 맺을 날이 올 것을 예언했다.

'원죄'라는 말, 많이 들어는 봤는데 정확히 무슨 뜻일까?

최초의 인류인 아담과 이브는 신의 명령을 거스르고 선악을 알게 하는 나무 열매를 먹는다. 신은 규율을 어긴 두 사람을 낙원(에덴동산)에서 쫓아내고, 벌로 노동과 죽음이라는 운명을 짊어지게 한다. 그리스도교에서는 나무 열매를 '성적 쾌락'으로 해석하고, 두 사람이 저지른 죄는 '원죄'로써 모든 인류가 짊어진다고 본다. 원죄에 대한 이런 해석은 교회를 통해 신에게 용서를 빌어야 한다는 속죄 개념으로 이어졌다.

》 **에덴동산** 　아담과 이브가 살던 낙원. 두 사람은 신의 명령을 어기고 동산 한가운데 있는 금단의 열매를 먹어서 쫓겨난다.

그리스도교에서는 예수의 도래가 예언된 경전이라고 해석하고, 예레미야서 등의 예 언서도 새로운 계약의 탄생을 예언한 것이라고 인식한다.

이러한 예언이 실현된 책으로 397년에 정리된 '새 계약'이 『신약 성경』이다. 『구약 성경』은 유대인의 이야기가 중심인 반면, ♥『신약 성경』은 예수의 생애와 그의 가르 침, 제자들의 선교 활동이 중심이다. 이방인을 전도하는 데 크게 활약한 바울의 편지 도 포함되어 있으며, 세상의 종말을 그린 계시록이 마지막에 담겨 있다.

또 『구약 성경』에 나오는 아담과 이브 이야기를 이후에 '원죄'와 연결 지어 해석한 것 은 훗날 그리스도교에 큰 영향을 주었다.

♥ 성경 ②
신과의 새로운 계약인 『신약 성경』의 탄생

『신약 성경』

- 4세기에 지금의 형태가 완성
- 총 27권
- 예수의 생애와 가르침, 제자들의 선교 활동에 대한 기록
- 예수야말로 『구약 성경』에서 예언한 구세주(메시아)라고 해석

분류

1. 복음서	마태(마태오), 마가(마르코), 누가(루가), 요한이 예수에 관해 기록한 것. 요한복음은 예수의 말, 나머지 세 복음서는 예수의 생애가 중심.
2. 사도행전	사도 베드로와 바울의 활약이 중심.
3. 서간서	그리스도교의 가르침, 구원에 관해 바울이 쓴 편지 등
5. 요한계시록	종말에 일어날 일을 예언적으로 묘사

〈마가복음〉은 가장 먼저 쓰인 복음서로, 전승되어 오던 예수의 생애가 정리되어 있다. 이후 마태와 누가가 독자적인 자료를 더해 〈마태복음〉, 〈누가복음〉을 완성했다. 내용이 비슷한 이 들 세 복음서를 거의 같은 관점에서 쓰였다고 해서 '공관(共觀) 복음'이라고 부른다.

>> **이웃 사랑** 이웃 사랑이라는 말은 『구약 성경』과 『신약 성경』에 모두 나온다. 예수는 바리새파와 문답을 주고받을 때 "신과 이웃에 대한 사랑이야말로 가장 중요한 계율"이라고 답했다고 한다.

박해와 분열을 거쳐
† 교회의 전성시대로

Key 3

로마 제국의
박해 및 공인

54쪽

300년

Key 4

삼위일체론 채택

서방 교회(가톨릭)와
정교회로 분열

56쪽

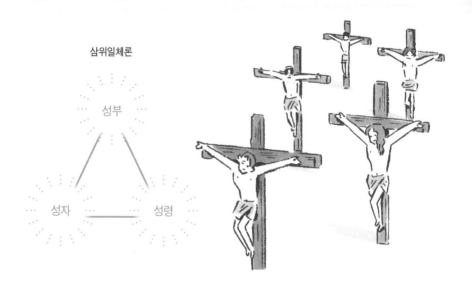

삼위일체론

성부

성자 ——— 성령

로마 제국의 박해와 공인을 거쳐 세계로 퍼져 나간 그리스도교. 중세에는 교회가 전성시대를 맞이하였고, 공의회를 반복하면서 교리가 발전·확립되어 갔다.

성사

교회의 피라미드식
계층 구조

교황
추기경
대주교·주교
사제(신부)
부제
수도사·수녀
일반 신자

십자군 원정 시작

▶

Key 5
7성사 채택
58쪽

십자군 원정

》》 **십자군** 예루살렘을 되찾는다는 명분으로 이슬람 왕조에 대항하기 위해 파병되었다. 참가자에게 면벌(속죄의 면제)을 선언하여 많은 신자가 참가했다.

Key 3

사랑과 미움의 감정

그리스도교

로마 제국의 국교화 이후 세계종교로

박해 → 국교화 → 분열, 흔들리는 그리스도교

예수의 제자들이 적극적으로 선교 활동을 펼친 결과 로마 제국에서 그리스도교 신
자가 증가했다. 📍그리스도교 신자들은 황제 숭배를 거부했기 때문에 극심한 박해
를 받았다. 이러한 박해는 훗날 순교자를 성인(聖人)으로 숭상하는 성인 숭배를 낳았
다. 성인에게는 병을 낫게 하는 등 기적을 일으키는 능력이 있다고 여겨지기 시작하

📍로마 황제의 극심한 탄압 → 국교화

특히 네로 황제(재위 54~68년)와 디오클
레티아누스 황제(재위 284~305년) 때 박
해가 가장 혹독했다고 알려져 있다.

1~3세기 무렵

- 그리스도교 신자 증가
- 로마 제국의 약화

순교자가 성인으로 숭배됨
순교자뿐 아니라 십자가나 유골 등
의 성유물도 숭배 대상이 되었다.

성속(聖俗)의 분리가 국교 공인의 이유
그리스도교(가톨릭)는 세속 세계와 성스러운
세계를 분리하는 종교다. 따라서 세속을 규정
하는 로마법과도 공존할 수 있었다.

392년

다른 종교는 인정하지
않는다. 그리스도교가
로마 제국의 국교다!

》 **성상 숭배 금지령**　서방 교회는 성상을 사용해서 게르만족에게 선교 활동을 했는데, 동로마 제
국의 황제인 레오 3세가 성상을 금지했다.

면서 유품과 유골(성유물)이 숭배 대상이 되었고, 성유물은 각지의 교회에 모셔졌다.

한편 로마 제국의 힘이 약해짐에 따라 황제는 그리스도교 신자들과 손을 잡는 편이 유리하다고 판단하게 되었다. 그 결과 그리스도교는 313년 공인되었고, 392년 국교로 선포되었다.

국교로 선포되면서 신앙이 보장되는 한편 국가의 영향이 강해졌다. 실제로 ♥로마 제국이 동서 분할 통치를 시작하면서 교회도 동서로 분리되었다. 그 후 성상(聖像) 숭배, 교황의 지위 등을 둘러싸고 동서 교회 사이에 대립이 격렬해졌고, 1054년 두 교회가 서로 파문하면서 동쪽의 정교회와 서쪽의 가톨릭으로 분열되었다.

♥ 로마 제국의 분열 → 가톨릭과 정교회로 갈라지다

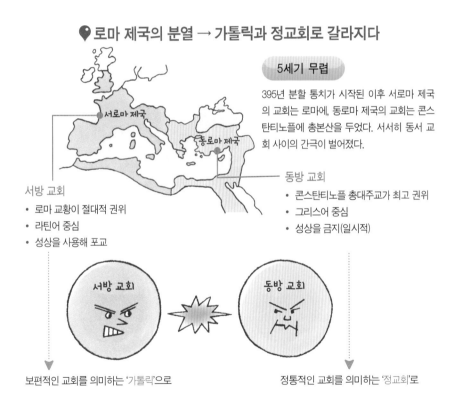

5세기 무렵

395년 분할 통치가 시작된 이후 서로마 제국의 교회는 로마에, 동로마 제국의 교회는 콘스탄티노플에 총본산을 두었다. 서서히 동서 교회 사이의 간극이 벌어졌다.

서로마 제국

동로마 제국

서방 교회
- 로마 교황이 절대적 권위
- 라틴어 중심
- 성상을 사용해 포교

동방 교회
- 콘스탄티노플 총대주교가 최고 권위
- 그리스어 중심
- 성상을 금지(일시적)

서방 교회

동방 교회

보편적인 교회를 의미하는 '가톨릭'으로

정통적인 교회를 의미하는 '정교회'로

》》 **5대 총대주교구** 그리스도교가 로마 제국의 국교로 공인된 후 예루살렘, 콘스탄티노플, 로마 등 다섯 지역에 교회가 세워졌다. 이때 로마의 총대주교가 현재의 로마 교황에 해당한다.

예수는 신인가, 인간인가
신앙의 대상인 **삼위일체**

교회의 권위는 왜 높아졌을까

로마 제국 시대에 삼위일체론이 채택된 것도 이후의 그리스도교에 영향을 미쳤다.

4세기 중반, 예수가 신과 인간의 성질을 모두 가졌다고 보는 아타나시우스파와 신은 단 한 분뿐이라고 주장하는 아리우스파가 대립했다. 논쟁 끝에 아타나시우스파

🔍 예수 = 신일까? 삼위일체설에 대한 관점

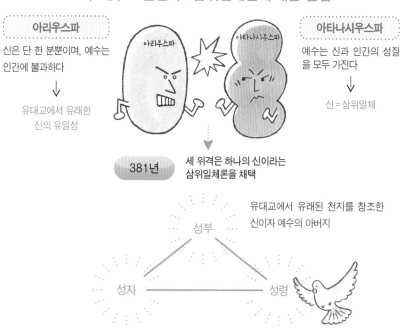

아리우스파

신은 단 한 분뿐이며, 예수는 인간에 불과하다

↓

유대교에서 유래한
신의 유일성

아타나시우스파

예수는 신과 인간의 성질을 모두 가진다

↓

신=삼위일체

381년 → 세 위격은 하나의 신이라는 삼위일체론을 채택

성부

유대교에서 유래된 천지를 창조한 신이자 예수의 아버지

성자 ———— 성령

신의 아들로서 인간 앞에 나타난 구세주. 고난과 부활을 거쳐 신의 세상으로 돌아갔다. 신과 인간의 성질을 모두 가진다고 본다.

신과 인간을 연결하는 역할을 한다. 〈누가복음〉에서는 비둘기의 모습으로 예수 앞에 나타났다고 한다.

≫ **카노사의 굴욕** 1077년, 신성 로마 제국의 황제 하인리히 4세가 교황 그레고리우스 7세에게 파문을 취소해 달라고 간청한 사건.

가 정통, 아리우스파가 이단으로 결정되면서 예수는 신의 성질을 가진다는 교리가 공식으로 채택되었다. 그리고 381년에는 예수에 더해 성령도 신과 같은 성질을 갖는다고 보는 삼위일체론이 채택되었다. 이렇게 ◉삼위일체의 신에 대한 신앙은 가톨릭, 정교회, 개신교 모두 공통하는 그리스도교의 보편 교리가 되었다.

또 중세 시대 가톨릭에서는 ◉교회 조직 등의 신앙 체계도 발전했다. 교황을 정점으로 하여 추기경, 주교, 사제로 이어지는 계층 구조가 성립되었고, 신자들을 위한 예식인 7성사(→58쪽)도 완성되었다. 이렇게 교회를 중심에 둔 신앙 체계는 교황이 황제보다 우위에 서는 교회 전성시대로 이어졌다.

◉ 중세에 걸쳐 발전한 신앙 체계

교회

962년, 신성 로마 제국이 탄생했다. '신성(神聖)'이라는 이름처럼 가톨릭을 수호한다는 이념이 있었다. 얼마 지나지 않아 교황이 황제보다 우위에 서게 된다.

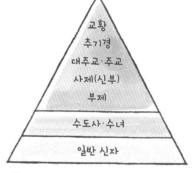

교황을 정점으로 교황의 최고 고문인 추기경, 교회를 관할하는 주교, 교회 예식을 맡아 보는 사제, 사제를 돕는 부제로 이어지는 피라미드식 계층 조직이 발전했다.

수도회

수행에 전념하고 싶은 사람이 출가해서 공동으로 생활하는 수도회. 수도사와 수녀는 '청빈, 정결, 순종'에 따라 생활한다.

》》 **도미니크 수도회** 13세기에 설립된 수도회로 신학자 토마스 아퀴나스가 이 수도회 소속이었다. 그밖에 탁발을 중시하는 프란체스코 수도회, 16세기에 창립된 예수회(제수이트회) 등이 유명하다.

그리스도교

지금도 이어지고 있는 예식인 7성사

그리스도교에서 '회심'을 중시하는 이유

그리스도교는 성인 숭배 등에서 볼 수 있듯이 일신교이면서도 다신교적 성격을 띠게 되었다. 또 『신약 성경』에 쓰여 있는 예수 재림은 신자들의 기대와 달리 좀처럼 찾아오지 않았다. 이런 배경으로 인해 모순을 넘어서는 체험인 회심(자신의 죄를 인정하고 신에게 되돌아오는 마음의 변화)을 중시하게 된다. 이후 그리스도교에서 회심을 통해 구원받는 방법을 제시한 인물이 아우구스티누스(354~430)다.

아우구스티누스의 저서 『고백록』에 따르면 그는 젊은 시절에 방탕하게 생활했고, 선악이원론으로 유명한 마니교를 믿었다. 그러던 어느 날, 밀라노에서 "성경을 읽어라!"라는 이웃집 아이의 목소리가 들려왔다. 실제로 성경을 펼쳤더니 '욕망을 채우려고 육신을 돌보지 말라'는 구절(로마서 13장 14절)이 눈에 들어와 충격을 받았다. 아우구스티누스는 이 구절을 자신에게 건넨 말이라고 해석했다. 그는 이 일을 회고함으로써 자신의 무거운 죄를 인정하고(고해=참회) 신을 받아들이는 것이 곧 구원으로 이어지는 길임을 호소한 것이다.

아우구스티누스

》》 **마니교** 3세기 무렵 마니가 창시한 종교. 선악이원론이 중심 교리이며 한때는 크게 번성했지만 차차 쇠퇴했다.

중세에 걸쳐 성립한 그리스도교의 공식 예식

중세에 걸쳐 아우구스티누스의 회심과 같은 예식적인 행위가 차츰 정리되었다. 1274년, 제2차 리옹 공의회에서 공식 예식이 결정되었다. ♀ 정식으로 신자가 될 때 성수(聖水)로 몸을 깨끗이 하는 세례 성사, 빵과 포도주를 먹는 것을 예수의 몸과 피를 먹는 것과 같다고 인식하는 성체 성사 등 7가지로 이루어진 예식을 '7성사'라고 한다.

가톨릭에서는 지금도 계승되고 있으나, 정교회에서는 성사를 신비(미스테리온)라고 부르며 가톨릭의 성체 성사를 성체성혈 성사, 성품 성사를 신품 성사라고 부르는 등 예식의 명칭도 다르다. 그리고 뒤에서 소개할 개신교에서는 세례 성사와 성찬(성체) 성사 2가지만 인정한다.

♀ 7성사

세례 성사
성수를 뿌려 그리스도교에 정식으로 입문하는 예식

견진 성사
세례 후에 신앙을 선언하는 예식

성체 성사
예수의 '몸'을 의미하는 빵을 먹는 예식

고해 성사
죄와 잘못을 뉘우치고 신에게 용서를 비는 예식

성품 성사
성직자가 되기 위한 예식

혼인 성사
남녀가 사랑과 충성을 맹세하고 부부가 되는 예식

병자 성사
병을 앓거나 죽음을 맞이할 때 신부가 신자의 이마에 기름을 바르는 예식

>>> **빵과 포도주** 복음서에 따르면 예수는 최후의 만찬에서 제자들에게 빵은 내 몸이고 포도주는 내 피라고 전했다고 한다.

종교 개혁과
혁명을 거쳐 근현대로

1500년

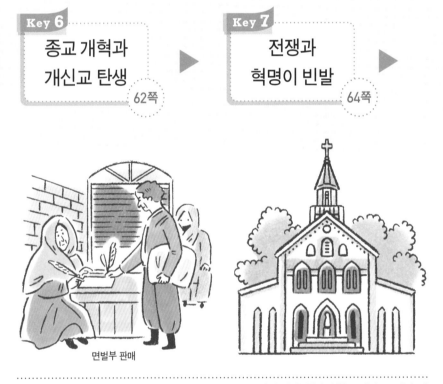

면벌부 판매

>>> **종교 재판** 가톨릭에서 이단자를 처벌하기 위해 이루어진 재판. 중세의 종교 재판, 15세기 이후 스페인에서 이루어진 종교 재판 등 시대와 장소에 따라 성격이 다르다.

종교 개혁으로 개신교가 등장했다. 그리고 신구 종파가 분열하면서 서구 사회에 전쟁과 혁명이 일어났다. 현대에 이르기까지 그리스도교의 발전 과정을 살펴본다.

프랑스 혁명

개신교권 국가를
중심으로 자본주의가
발전

Key 8
세속화가
진행되는 현대로
66쪽

필그림 파더스

>>> **필그림 파더스** 1620년 청교도(개신교의 한 종파)들이 메이플라워호를 타고 영국에서 미국으로 이주했다. 이들은 필그림 파더스(Pilgrim Fathers)라고 불린다. 필그림은 순례자를 뜻한다.

그리스도교

교회 전성시대의 종말

격변의 종교 개혁과 개신교 탄생

면벌부 판매가 교회 권위 추락의 결정타

교회는 십자군의 실패 등으로 영향력을 잃어갔다. 특히 면벌부 판매는 교회의 쇠락을 상징하는 사건이었다. 교회는 재원을 확보하기 위해 "이것을 사면 생전에 죄를 청산하고 천국에 갈 수 있다"고 주장하며 면벌부를 판매했다.

교회의 이런 정책에 성직자인 루터와 칼뱅이 이의를 제기했다. 두 사람은 성경 중

📍 '성경으로 돌아가라!'가 표어인 종교 개혁

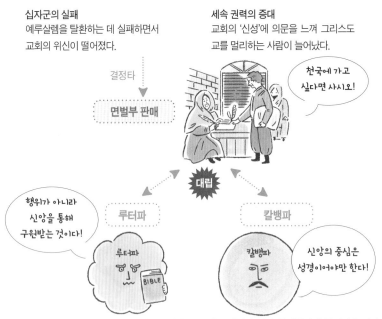

십자군의 실패
예루살렘을 탈환하는 데 실패하면서 교회의 위신이 떨어졌다.

세속 권력의 증대
교회의 '신성'에 의문을 느껴 그리스도교를 멀리하는 사람이 늘어났다.

결정타

면벌부 판매

천국에 가고 싶다면 사시오!

대립

행위가 아니라 신앙을 통해 구원받는 것이다!

루터파

루터파

BIBLE

칼뱅파

칼뱅파

신앙의 중심은 성경이어야만 한다!

성경 중심주의와 만인사제주의를 주창했으며 선행이 아닌 오직 신앙으로만 구원받는다고 주장했다.

더욱 철저한 성경 중심주의와 구원받을 사람은 이미 정해져 있다고 보는 예정설 등을 설파했다.

》》 **헨리 8세**   16세기 영국 국왕. 원래는 교회와 협력했지만 훗날 왕비와의 이혼 문제를 계기로 대립하면서 영국 국왕을 수장으로 하는 영국국교회를 창시했다.

심주의와 모든 신자가 평등하다는 만인사제주의를 주창했다.

개신교는 교회의 권위를 중시하는 가톨릭에 맞서 개인의 신앙을 존중하라고 요구하는 항의(종교 개혁)로 인해 생겨난 종파다. 개신교 계열 종파에는 신을 섬기기 위한 종신 서원 제도가 없다. 그 때문에 성속을 구별하지 않는 종교로서 광범위한 지역으로 퍼져 나갔다.

한편 가톨릭에서도 수도회인 예수회를 중심으로 반종교 개혁이 일어났다. 개혁 활동 가운데 하나가 해외 선교 강화였는데, 예수회 선교사인 프란시스코 사비에르가 1549년 일본을 찾은 것도 그 때문이었다. 한국의 가톨릭은 선교사에 의해서가 아닌 서학(서양의 학문)의 한 부분으로서 받아들였다고 한다. 그 당시 유입된 책이 마테오 리치 신부의 『천주실의』라는 교리서였다.

📍 가톨릭 내부에서도 일어난 반종교 개혁

① 해외 선교 강화
아메리카 대륙과 동아시아에서 적극적으로 선교하기 시작했다. 하지만 침투했다고는 할 수 없었다.

조금 부패한 건 사실이지만…. 성인과 예식이 신성한 건 확실해!

② 교리 재확인
공의회를 열어 교리를 재확인했다. 면벌부를 금지했지만, 교회와 성인 숭배도 신앙에 꼭 필요하다고 한 점 등은 변하지 않았다.

③ 개신교와 충돌
종교 재판을 여는 등 개신교로 개종한 사람에 대한 단속을 강화했다.

조선의 가톨릭 박해

김대건 신부, 조선 최초의 사제

조선에 그리스도교(가톨릭)가 들어온 후 4번의 큰 박해가 일어났다. 1801년 신유박해, 1839년 기해박해, 1846년 병오박해, 1866년 병인박해를 지나면서 수많은 가톨릭 신자가 순교했다. 조선 최초의 가톨릭 사제인 김대건 안드레아 신부는 병오박해 때 순교하였다.

>> **츠빙글리** 루터 등과 어깨를 나란히 하는 종교 개혁의 중심인물. 루터보다 더 철저한 성경 중심주의를 주장했고 성상 숭배 비판 등을 전개했다. 스위스 취리히에 신권(神權) 정치를 확립하려고 했다.

잇따라 탄생된 근대 국가
전쟁과 혁명의 시대에 각 국가가 걸었던 길

종교 전쟁과 혁명을 거쳐 현대의 종교 분포로

종교 개혁이 확산된 16~18세기는 근대적인 국가가 성립되고 대항해 시대 이후 항로가 개척되면서 🔍 서구를 중심으로 다양한 전쟁과 혁명이 일어났다.

예컨대 보헤미아(당시 신성 로마 제국)의 신교도들이 개신교 탄압에 반발하며 일으킨 반란은 스웨덴, 프랑스 등이 가세하면서 종교 전쟁(30년 전쟁)으로 발전했다. 이

📍 16세기 이후 빈번하게 일어난 전쟁과 혁명

30년 전쟁과 청교도 혁명 외에도 프랑스에서 위그노(칼뱅파)와 가톨릭 사이에
벌어진 내전인 위그노 전쟁 등 종교 전쟁과 혁명이 빈번하게 발생했다.

>>> **영국국교회** 영국성공회라고도 한다. 헨리 8세의 이혼 문제로 창시되었으며, 1559년 엘리자베스 1세 때 확립되었다.

전쟁을 종결하기 위해 1648년 열린 베스트팔렌 조약에서 국제 조약으로 칼뱅파가 공인되었다.

또 절대 왕정 등의 타파를 목적으로 한 시민 혁명도 자주 일어났는데, 영국의 청교도(=칼뱅파) 혁명이 그 시발점으로 꼽힌다. 청교도들은 가톨릭과 타협적인 태도를 취하는 영국국교회 및 왕정의 타파를 외치며 봉기했다. 나아가 그들 일부가 미국으로 이주하면서 개신교를 중심으로 한 미합중국 탄생으로 이어졌다.

📍이러한 전쟁과 혁명은 그리스도교 국가들이 이후 어떤 길을 걷게 될지 결정지었다고 할 수 있다.

📍현대의 그리스도교 계열 종교 분포

가톨릭
개신교
정교회

가톨릭

이탈리아, 스페인, 프랑스 및 브라질 등의 남미 국가

로마 교황의 지배에서 벗어났지만 가톨릭 예식을 계승한 영국국교회는 가톨릭과 개신교의 중간에 위치한다.

개신교
미국, 북유럽, 호주

미국의 정치와 사회를 이끌어 온 백인 엘리트 계층은 WASP(White Anglo-Saxon Protestants)라고 불린다.

정교회
러시아, 그리스, 중부 유럽 국가

가톨릭처럼 교황 1명을 정점에 두지 않고, 그리스 정교회 등 세계 각지에 있는 독립 교회 및 자치 교회의 총대주교가 대등한 관계다.

》》 **WASP** 주로 영국에서 미국으로 이주한 사람들의 후손을 가리키며, 대체로 반가톨릭 성향이 있다. 미국을 이끌어 온 엘리트층이었지만 점차 영향력이 약해지고 있다.

그리스도교

한눈에 알 수 있다

현대의 그리스도교 종파 비교

가톨릭과 개신교의 차이점

그리스도교 신자는 세계 인구의 약 30%에 이르는데, 그중에서도 가톨릭과 개신교 신자가 가장 많다. 양쪽 모두 같은 성경을 경전으로 삼는다는 점, 삼위일체를 믿는다는 점 등 공통점이 많다.

📍 가톨릭과 개신교 일문일답

가톨릭		개신교
교황	최고 지도자는?	없음
교황을 정점에 둔 피라미드형 계층 구조	조직 체제는?	만인사제주의(모두 평등)
신부 또는 사제	성직자의 호칭은?	목사
독신이 원칙	성직자의 결혼은?	자유
남성이 원칙	성직자 중에 여성은?	있다
있다	성인 숭배는?	없다
'미사에 간다'고 말한다	교회는?	'예배드리러 간다'고 말한다
있다(수도자·수녀)	종신 서원은?	없다
7성사	예식은?	세례, 성찬(성체)만
선행 중시	구원받는 방법은?	신앙 중시
금지	신자의 이혼과 재혼은?	자유(예외 있음)
긋는다	손으로 십자 성호를 긋는가?	긋지 않는다

개신교 중에 신앙심이 깊은 복음주의는 이혼에 엄격하다

십자 성호를 긋는 것은 신앙 고백의 일종이다

그러나 📍일상과 신앙생활에서 중시하는 것 등에는 차이점이 많다. 간단하게 말하자면 가톨릭은 고대부터 이어져 온 전통 교리와 교황을 중심으로 한 집권 체제를 중시하고, 개신교는 성경을 신앙의 중심에 두며 교회 제도가 없다는 차이점이 있다.

앞에서도 언급했듯 개신교에는 종신 서원 제도가 없다. 목사는 세속인이고 수도원 등도 없다. 그 때문에 가톨릭보다 빠르게 세속 세계와 어우러질 수 있었다. 그 차이는 경제 발전에서 뚜렷하게 나타난다(→116쪽).

또 📍가톨릭, 개신교, 정교회의 주요 세 종파 외에 여호와의 증인 같은 신흥 종교도 있다.

📍그리스도교 종파 비교표

	가톨릭	개신교	정교회
개요	교회(교황) 중심, 성인도 숭배	성경 중심, 만인사제주의, 우상 숭배 금지	성경·성전* 중심, 신비주의적인 경향
신자 수	약 11억 명	약 4억 5천만 명	약 2억 5천만 명
성직자	사제(신부)	목사	사제
성지	성 베드로 대성당(산피에트로 대성당), 예루살렘 구시가지 등	없음	아토스산, 삼위일체와 성세르기우스 수도원(트로이체 세르기예프 대수도원) 등
최고 지도자	로마 교황	없음	총대주교
의식	7성사	세례, 성찬(성체)만	7신비
신자가 많은 나라	이탈리아, 스페인, 브라질, 필리핀 등	네덜란드, 미국, 북유럽 국가, (영국) 등	러시아, 동유럽 국가 등

* 성전(聖傳): 성경에 기록되지 않고 구전으로 전해져 내려오는 가르침— 옮긴이

그리스도교 계열 종교의 조직 및 종파

복음주의(→127쪽)

- 성경을 충실히 따른다
- 전도 활동을 중시
- 인공 임신 중절 등에 부정적
- 미국 정치에 영향을 끼친다

모르몬교

- 미국 유타주에 본부를 두고 있다
- 19세기에 창립
- 성경과 『모르몬경』을 경전으로 삼는다
- 보수적인 성향이 강하다

아미시

- 재세례파라고도 불린다
- 주로 독일계 이민자들로 구성되어 있다
- 자급자족 생활을 한다
- 집단 예배를 드린다

≫ **텔레비전 전도사** 보통 미국에서 TV에 나와 그리스도교의 가르침을 설파하는 사람을 일컫는 말. 성경 해설, 현대 사회에 대한 비판 등을 통해 복음주의 확산에 이바지했다.

☾★ 이슬람교의
시작과 가르침

Key 1

무함마드가
신의 계시를 받다

70쪽

▶

무함마드의 메디나
이주와 메카 정복

▶

대천사 지브릴
(가브리엘)

메디나 이주

7세기 초, 이슬람교 창시자인 무함마드가 계시를 받았다. 유대교, 그리스도교에 비해 역사가 짧은 이슬람교는 어떻게 탄생했을까? 교리와 함께 살펴본다.

Key 2
정통 칼리파 시대 때 『코란』 편찬
72쪽

Focus!
『하디스』 편찬
74쪽

>>> **무슬림** 이슬람교 신자를 말한다. 아랍어로 '신에게 귀의한 자'라는 의미다. 여성 신자는 무슬리마라고 부르기도 한다.

Key 1

이슬람교

이슬람의 예언자

상인 무함마드가 계시를 받다

상인 집안에서 태어나 이슬람교 창시자로

이슬람교 역시 유대교, 그리스도교와 뿌리가 같은 일신교다. 하지만 예언자를 대하는 관점에는 차이가 있다. 유대교에서는 모세 등의 예언자가 인간에게 경고를 주고, 그리스도교에서는 예수를 단순한 예언자가 아니라 삼위일체를 구성하는 신으로 본다. 그에 반해 이슬람교에서는 모세나 예수 등을 예언자로 인정하기는 하지만, 무함마드가 가장 위대한 예언자이자 마지막 예언자라고 여긴다.

📍 창시자 무함마드의 생애

	주요 사건	개요
570년 무렵	탄생	메카에서 상인의 아들로 태어난다.
595년	결혼	15살 정도 연상인 카디자와 결혼한다.
610년	계시를 받다(A)	명상하던 도중 알라에게 첫 계시를 받는다.
622년	메디나로 이주(B)	박해받던 무함마드와 그의 추종자들이 메디나로 이주한다.
625년 무렵	메카군과 전투	우후드 전투, 칸다크 전투에서 메카 군대와 싸운다.
630년	메카 점령	메카를 점령하고 아라비아반도를 통일한다.
632년	사망	메디나에서 숨을 거둔다.

※ 율리우스력: 고대 로마의 집정관 율리우스가 도입한 태양력 중 하나

계시를 받다 (A)

대천사 지브릴

대천사 지브릴(가브리엘)이 무함마드 앞에 나타나 첫 번째 계시를 한다. 이후 무함마드는 잇달아 계시를 받으며 예언자가 된다.

이슬람권에서 쓰는 달력인 '히즈라력'이란?

1년을 354일로 하는 태음력. 무함마드가 메카에서 메디나로 이주(히즈라)한 율리우스력 622년 7월 16일이 히즈라력 원년의 1월 1일에 해당한다.

〉〉〉 **움마** 유일신 알라를 믿는 이슬람교 신자들의 공동체를 말한다. 이 공동체를 세계로 확장하고자 했다.

📍무함마드는 570년 무렵 상인 집안에서 태어났다고 알려져 있다. 25세쯤에 카디자라는 여성과 결혼했고, 40세쯤부터 메카 근처에 있는 히라산에서 명상을 시작했다. 명상에 잠겨있던 어느 날, 천사가 무함마드 앞에 나타나 신의 계시를 전하였고, 이후 무함마드는 선교 활동을 하다가 신자들과 함께 메디나로 이주(히즈라)했고, 메카 군대와 몇 차례 전쟁을 치른 끝에 아라비아반도를 통일하고 세력을 확대해 나갔다.

📍무함마드의 메디나 이주는 특히 중요한 의미가 있다. 메카에서 받은 계시를 메카 계시, 메디나에서 받은 계시를 메디나 계시라고 하며, 『코란』은 두 가지 계시로 구성되어 있다.

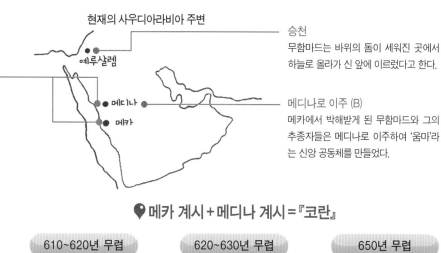

현재의 사우디아라비아 주변

예루살렘

메디나

메카

승천
무함마드는 바위의 돌이 세워진 곳에서 하늘로 올라가 신 앞에 이르렀다고 한다.

메디나로 이주 (B)
메카에서 박해받게 된 무함마드와 그의 추종자들은 메디나로 이주하여 '움마'라는 신앙 공동체를 만들었다.

📍메카 계시 + 메디나 계시 = 『코란』

610~620년 무렵
박해받던 때 받은 계시
↓
내세의 가치를 강조하는 종말론적 내용
메카 계시

+

620~630년 무렵
공동체(움마)를 결성한 후에 받은 계시
↓
신앙생활에 대해 설파한 현실적인 내용
메디나 계시

=

650년 무렵
114장으로 구성된 경전인 『코란』 편찬

≫ **지브릴** 서양 3대 종교에서 미카엘과 어깨를 나란히 하는 대천사로, 그리스도교 가브리엘의 아랍어식 이름이다. 무함마드에게 계시를 준 한편, 그리스도교에서는 성모 마리아에게 수태 고지를 했다.

이슬람교

절대적인 경전

『코란』과 교리의 모든 것

『코란』에 적힌 내용

무함마드가 20여 년에 걸쳐 받은 신의 계시는 제자들을 거쳐 신자들에게 구전되었다. 하지만 시간이 지나면서 해석에 차이가 생겼다. 이런 상황을 보다 못한 3대 칼리파 우스만이 경전을 편찬하도록 지시했고, 650년 무렵『코란』이 완성되었다.

📍『코란』의 내용

- 총 114장
- 1장을 제외하고 길이가 긴 장부터 순서대로 정리되어 있다.
- 메카 계시, 메디나 계시로 나뉜다.

목차

모세&예수론

모세와 예수를 예언자로 인정하기는 하지만 계시를 올바르게 해석하지 못했다고 보며, 무함마드가 최후이자 최고의 예언자라고 생각한다.

여성론

고대 아랍 사회에서는 여자아이가 태어나면 생매장하기도 했다. 『코란』에서는 이러한 행위를 금지하며, 나아가 여성에게도 상속권을 준다.

성전(지하드)론

메카에서 박해받은 경험으로 인해 방어전을 인정한다. '종말의 날을 믿지 않는 자들과 싸우라' 등의 내용도 있는데, 박해로부터 방어하라는 의미다.

≫ **칼리파『코란』** 지도자를 이르는 말로 '무함마드의 후계자'라는 뜻이다. 정통 칼리파 시대 이후에도 우마이야 왕조(→82쪽) 등의 군주가 스스로를 칼리파라고 칭했다. 칼리파 제도는 1924년 터키 정부에 의해 폐지되었다.

『코란』은 총 114장으로 구성되어 있으며, 앞쪽 장은 길고 후반부로 갈수록 짧아진다. 『코란』의 내용은 번역본에 따라 해석이 다른데, 예를 들어 일본의 이슬람 학자 나카타 고(中田考)의 번역본은 제1장 도입부가 '자비롭고 자비로우신 알라의 이름으로'로 시작된다. 그밖에 다신교의 부정, 식사, 성전(聖戰, 지하드) 등 행동 규범에 관한 내용이 기록되어 있다.

또 무함마드의 언행록인 『하디스』도 제2의 경전으로 받든다. 『코란』을 기반으로 『하디스』, 행동 규범인 6신 5행, 이슬람법인 샤리아에 따라 생활하는 것. 이것이 이슬람교의 기본적인 신앙 형태라고 할 수 있다.

알라를 믿는 것은 구원이 약속된다는 것과 같은 의미

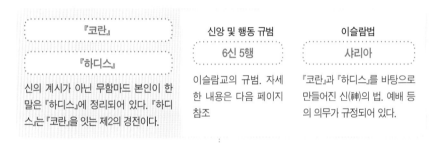

『코란』	신앙 및 행동 규범	이슬람법
『하디스』	6신 5행	샤리아
신의 계시가 아닌 무함마드 본인이 한 말은 『하디스』에 정리되어 있다. 『하디스』는 『코란』을 잇는 제2의 경전이다.	이슬람교의 규범. 자세한 내용은 다음 페이지 참조	『코란』과 『하디스』를 바탕으로 만들어진 신(神)의 법. 예배 등의 의무가 규정되어 있다.

내세에 낙원에 갈 수 있다 = 구원이 약속된다

장점만 추려 모은 이슬람교

>>> **계시서** 신의 계시를 정리한 책. 이슬람권 국가에서 사는 유대교 신자와 그리스도교 신자를 '계시서의 백성'이라고 부르며 각 신앙을 인정해 주었다.

Focus!

이슬람교

6신 5행과 할랄의 내용

알아두면 좋은 이슬람교의 음식과 관습

단순명료한 가르침이 특징인 이슬람교

이슬람교는 가르침이 단순명료한 종교로 유명하다. 『코란』을 바탕으로 만들어진 신앙 및 행동 지침인 '6신 5행'에 그러한 특징이 잘 나타나 있다.

6신(信)이란 믿어야 하는 6가지 대상을 의미한다. 절대신 알라를 비롯해 천사, 예언자 등이 포함된다. 5행(行)은 이슬람교 신자들이 일상에서 지켜야 할 5가지 행동

💡 믿어야 하는 6신과 실천해야 하는 5행

6신

1. 신(알라)	천지를 창조한 유일신(아랍어로 알라). 우주의 질서는 알라의 뜻이라고 여긴다.
2. 천사(말라이카)	무함마드에게 계시를 준 천사 지브릴 등 영적인 존재. 신이 천사를 빛으로 창조했다고 여긴다.
3. 계시서(키타브)	천사를 통해 신이 계시한 책. 『코란』을 가리킨다.
4. 예언자(나비)	신의 뜻을 인류에게 전하는 존재. 무함마드가 신의 계시를 제대로 이해한 최초의 예언자라고 여긴다.
5. 내세(아히라)	현세가 끝난 후 최후의 심판이 온다고 믿는다. 살아 있을 때의 행실에 따라 심판을 받은 후 낙원(천국)으로 갈지 지옥으로 갈지 정해진다.
6. 예정(까다르)	인간의 운명은 신이 정한다고 믿는다. 그러므로 운명을 포함한 자연계의 모든 현상은 알라의 뜻에 따라 일어난다.

5행

1. 신앙 고백(샤하다)	아랍어로 "알라 외에 다른 신은 없으며 무함마드는 알라의 사도다"라고 외치며 신앙을 드러낸다.
2. 예배(살라트)	하루에 5번, 해뜨기 전, 정오, 해지기 전, 해진 후, 자기 전에 메카 방향을 향해 예배한다.
3. 단식(사움)	이슬람력의 단식하는 달(라마단) 동안 성인 남녀는 해 뜬 후부터 해질 때까지 물을 포함해 어떤 음식도 먹지 말아야 한다.
4. 헌금(사다카)	자발적인 헌금. 가난한 사람이나 전사자의 유족을 돕는 데 쓰이지만 세금으로서의 의미도 있다.
5. 메카 순례(하즈)	이슬람력으로 12월 8~12일은 전 세계 이슬람 신자들이 메카를 순례하는 시기다.

지침으로 예배, 단식, 순례 등이 포함된다. 단식이라고 하면 고행의 이미지가 있지만, 이슬람교에서는 수행적인 요소가 없다. 오래 단식할수록 더 좋다고 보는 게 아니라 5행의 하나로써 반드시 실천하는 것 자체에 의미를 둔다.

메카 순례(하즈)는 평생 1번은 해야 하는 의무다. 순례자는 메카의 중심에 있는 카바 신전 주위를 7바퀴 돌고 나서 이곳저곳을 순례한다. 이렇게 순례를 마친 사람은 '하지'라고 불리며 주위 사람들에게 존경받는다.

이렇듯 신앙과 행동 지침을 명확히 제시하는 점이 이슬람교가 세계로 퍼져나간 요인 중 하나라고 할 수 있다.

관습

자카트와 사다카,
문화의 차이

의무적 헌금인 자카트 외에도 어려운 사람 등에게 자발적으로 헌금하는 사다카가 있다. '이 세상의 모든 것은 신의 것'이라는 생각이 바탕에 깔려 있다.

축제의 요소도 있는 단식
이슬람력으로 9월에 해당하는 달에는 해 뜬 후부터 해질 때까지 단식하는데, 단식이 끝나면 친구나 가족이 모여서 성대한 축제를 연다.

하루 5번의 예배
하루에 5번, 메카 방향을 향해 신을 찬양하는 말씀 등을 외며 예배한다.

>>> **수피즘** 단식이나 순례처럼 행동을 중시하는 주류파와 달리 내면을 중시하는 이슬람교의 한 분파. 신비주의적인 성격을 띠어서 이단으로 여겨지는 경우도 많다.

무함마드의 가르침을 해석하는 울라마

이슬람교 신자가 지켜야 할 사항은 이슬람법인 샤리아에 구체적으로 규정되어 있다. 이슬람교의 절대적 기반은 『코란』과 『하디스』이며, 샤리아는 이들 경전에 근거한다.

하지만 범죄나 금기 식품 등 이슬람권에서 일어나는 문제에 어떻게 대처할지를 두고 사람에 따라 해석이 다른 경우가 있다. 그래서 경전에 명확히 나오지 않는 것은 무슬림 공동체의 합의(이즈마)나 법학자의 유추(끼야스)에 따라 방향을 정하게 되었다.

음식

알코올
모든 알코올이 금지. 주류는 물론 미림 등 알코올 성분이 들어간 조미료도 사용을 피한다.

돼지 및 돼지에서 얻은 식품
돼지는 부정한 동물로 여겨지므로 먹는 것이 금지되어 있다. 돼지고기나 베이컨은 물론 돼지 지방으로 만든 라드(돼지기름), 육수도 금지 식품이다. 돼지를 처리한 조리 기구도 사용을 피해야 한다.

적절한 방식으로 처리되지 않은 고기
피를 먹는 것도 금지다. 고기나 생선을 조리하기 전에 핏물을 완전히 제거하는 것은 물론. 조리할 때 굽는 정도 등에도 주의해야 한다.

참고로 법학자는 울라마라고 불리며, 사회 문제 등을 어떻게 해결하면 좋을지 제시하는 파트와(판단)를 발표한다. 한편 이맘은 모스크 관리 등을 하고 『코란』을 낭송하는 역할을 한다.

이슬람법에는 신앙이나 상업 활동, 일상생활과 관련한 수많은 사항이 규정되어 있다. 예배와 단식이 의무로 정해져 있으며 음식에 관한 규범도 있다. 이슬람법상 식재료와 조리법이 허용된 음식을 '할랄'이라고 하는데, 최근 들어 한국이나 일본에서도 할랄 식품을 제공하는 음식점이 늘고 있다.

기타

우상 숭배는 엄격히 금지
신은 물론 무함마드의 형상도 숭배 대상이 될 수 없다. 그래서 모스크에는 코란 구절이 쓰여 있거나 아름다운 타일로 장식되어 있다.

금요일에는 집단 예배
금요일은 이슬람교 신자들이 모여서 예배하는 날이다. 점심 무렵 모스크에 모여 예배하는 것이 의무다. 참고로 이슬람권 국가는 대부분 금요일이 휴일이다.

개는 부정한 동물
이슬람권에서는 개를 부정한 동물로 여긴다. 그래서인지 이슬람권 국가에서는 고양이가 사랑받는 경향이 있다.

교회와 모스크의 차이
이슬람교 신자가 예배하는 곳을 모스크라고 한다. 보통 메카 방향을 나타내는 '미흐랍'이라는 우묵한 공간이 있고, 가톨릭교회처럼 성인의 성유물 같은 신성한 것은 놓여 있지 않다.

》》 **이맘**　이맘을 '이슬람교 성직자'라고 하는 경우가 있는데, 이슬람교는 성속 일치 종교이므로 세속 세계를 떠난 성직자는 존재하지 않는다.

이 슬 람 교

분열을 거쳐
☪ 세계종교로

650년

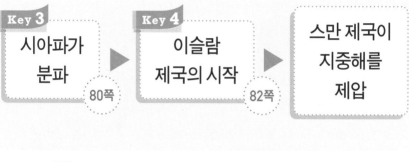

Key 3
시아파가
분파
80쪽

Key 4
이슬람
제국의 시작
82쪽

스만 제국이
지중해를
제압

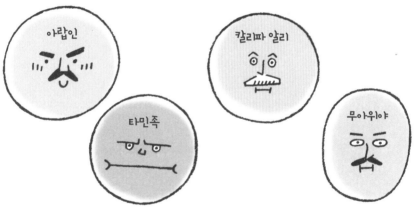

아랍인

칼리파 알리

타민족

무아위야

이슬람 세계는 정통 칼리파 시대, 시아파의 분파, 왕조 교체라는 과정을 거치며 영토를 확장해 나갔다. 현대에 이르기까지의 역사를 더듬어 보자.

오스만 제국
술레이만 1세

이란 혁명의
지도자 호메이니

이슬람
국가들의
독립

이슬람이
부흥하는
현대

Focus!

예루살렘의
현재

86쪽

현
대

>>> **몽골 제국**　1206년 몽골의 칭기즈칸이 세운 제국으로 유라시아 대륙의 광범위한 영역을 지배했다. 대체로 종교에 관용적인 정책을 폈다고 알려져 있다.

이슬람교

칼리파와 이맘의 차이점

후계 문제로 시아파가 분파

시아파의 분파 이유

무함마드가 사망한 후 이슬람 공동체의 합의에 따라 아부 바크르가 칼리파(이슬람권 최고 종교지도자)로 선출되었다. 이후 이슬람력을 제정한 우마르,『코란』편찬을 지시한 우스만을 거쳐 알리가 4대 칼리파에 올랐다. 이들 4명을 합의로 선출된 '정통 칼

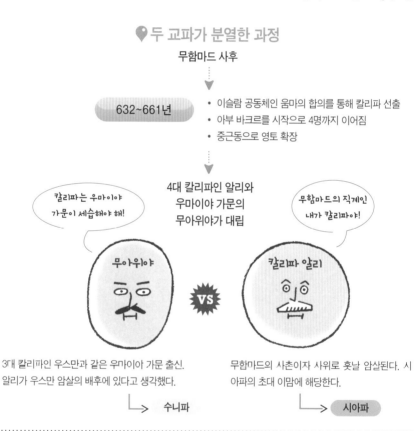

📍 두 교파가 분열한 과정

무함마드 사후

632~661년
• 이슬람 공동체인 움마의 합의를 통해 칼리파 선출
• 아부 바크르를 시작으로 4명까지 이어짐
• 중근동으로 영토 확장

4대 칼리파인 알리와 우마이야 가문의 무아위야 대립

칼리파는 우마이야 가문이 세습해야 해!

무함마드의 직계인 내가 칼리파야!

무아위야 vs 칼리파 알리

3대 칼리파인 우스만과 같은 우마이아 가문 출신. 알리가 우스만 암살의 배후에 있다고 생각했다.

무함마드의 사촌이자 사위로 훗날 암살된다. 시아파의 초대 이맘에 해당한다.

└─▷ 수니파

└─▷ 시아파

≫ **와하브파** 수니파의 분파 중 하나로 사우디아라비아의 국교. 『코란』과 『순나』(무함마드의 언행록)를 중시한다.

리파'라고 한다.

그런데 알리의 칼리파 취임을 두고 우스만과 같은 우마이야 가문 출신인 무아위야가 반발했다. 그 후 알리의 자손을 '이맘(지도자)'으로 인정하는 시아파가 분파하였고, 시아파가 아닌 신자들은 수니파라고 불리게 되었다. 수니파가 다수파, 시아파가 소수파라는 구도는 오늘날까지 변함없이 이어지고 있다.

두 파의 교리에는 큰 차이가 없지만, 앞에서 언급한 배경으로 인해 '무함마드의 후계자를 칼리파로 보는가, 이맘으로 보는가'에 대한 해석이 다르다. 시아파에서는 알리와 그의 후손만을 이맘으로 인정하고, 우마이야 왕조 이후의 칼리파는 인정하지 않는다.

칼리파와 이맘, 두 교파의 차이

- 이슬람교 신자의 약 90%
- 역대 칼리파를 인정한다.
- 이맘은 칼리파를 포함한 지도자 전체를 가리킨다. 신자들의 합의를 통해 선출된다.
- 예배는 하루에 5회.

- 이슬람교 신자의 약 10%.
- 이맘은 알리와 그의 후손만을 가리킨다(후손이 어딘가에 숨어 있다고 믿는다).
- 이맘 계승을 둘러싸고 12이맘파 등으로 또다시 분열됨.
- 예배는 5회 중 2회를 한꺼번에 묶어서 하루에 3회.

현대의 수니파와 시아파 분포

시아파

수니파

두 종파 안에도 여러 분파가 있지만, 지도에서는 수니파가 많은 나라, 시아파가 많은 나라로 구분했다. 수니파는 수니파의 맹주라고 불리는 사우디아라비아를 비롯해 이집트, 수단, 시리아, 튀르키예(터키) 등에 많다. 한편 시아파는 이란을 필두로 이라크, 레바논, 예멘에 많다.

>>> **12이맘파** 시아파의 가장 큰 분파로 이란의 국교. 무함마드의 혈통인 알리를 초대 이맘으로 간주하며, 알리의 남자 쪽 혈통인 12대까지를 이맘으로 인정한다.

현대에 이르는 이슬람교의 확산

아랍 제국에서 이슬람 제국으로 변모

661년 무아위야가 세운 우마이야 왕조와 750년 세워진 아바스 왕조는 같은 수니파지만 차이가 있다. 우마이야 왕조는 아랍인만 면세 대상이고 타민족은 지즈야(인두세)와 하라즈(토지세)를 부과해야 하는 아랍인 우대 국가였다. 반면 아바스 왕조는 같은 무슬림이면 인종과 상관없이 지즈야를 평등하게 부과했다. 게다가 앞에서 살펴본 이슬람법도 아바스 왕조 시대에 확립되었다. ♥'아랍 제국'에서 무슬림 중심의 통치가 확립된 '이슬람 제국'으로 변모한 것이다.

지배 지역도 중근동에서 중앙아시아, 북아프리카까지 확장되었다. 그중 이집트와 그리스 등은 고대 문명이 번성했던 지역인 만큼 이슬람교 문명도 발전했다. 그 결과 이슬람의 학문과 화약, 설탕 등이 십자군 원정 때 유럽으로 '수입'되었다. 또한 이슬람교는 무슬림 상인을 통해 동남아시아로도 전파되었다.

유럽을 충격에 몰아넣은 오스만 제국

그 후 몽골군에 의한 아바스 왕조 멸망과 몽골 제국의 지배, 인도의 무굴 제국과 페르시아의 사파비 왕조 같은 이슬람 왕조 성립을 거쳐 15세기 무렵에는 오스만 제국이 부상했다. 수니파인 ♥오스만 제국은 메흐메트 2세(재위 1451~1481) 시대에 콘스탄티노플을 점령하고 비잔틴 제국(동로마 제국)을 멸망시켰다. 게다가 술레이만 1세(재위 1520~1566) 시대에는 지중해 지역 전체를 제압하는 등 유럽 국가들에 위협이 되었다.

》》》 **지즈야** 주로 성인 남성에게 부과된 세금. 우마이야 왕조에서는 이슬람교로 개종해도 아랍인이 아니면 부과되었다.

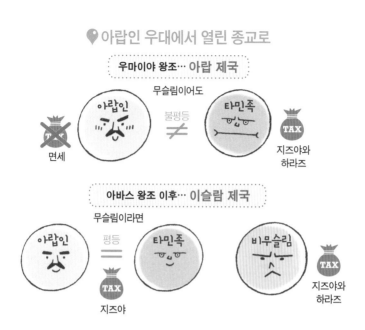

아랍인 우대에서 열린 종교로

우마이야 왕조… 아랍 제국

무슬림이어도
불평등
≠

아랍인
타민족

면세
지즈야와
하라즈

아바스 왕조 이후… 이슬람 제국

무슬림이라면

아랍인
평등
=
타민족
비무슬림

지즈야
지즈야와
하라즈

오스만 제국은 영토 내에서 종교 갈등을 피하기 위해 이교도인에게 관용적인 정책을 펼쳤다. 무슬림이 아닌 경우에는 인두세를 부과하는 대신 종교별 공동체인 밀레트 내의 자치를 허용했다. 그래서 박해를 피해 오스만 제국으로 망명한 유대교 신자가 많았다고 한다.

오스만 제국 멸망에서 이슬람 부흥 운동이 일어난 현대로

이후 근대화가 진행됨에 따라 오스만 제국의 힘이 약해졌다. 제1차 세계 대전에 패하면서 술탄 제도와 칼리파 제도가 폐지되었고, 오랜 세월에 걸친 이슬람 제국의 지배는 끝이 났다. 영국과 프랑스의 통치를 거쳐 1920년대에는 시리아, 이라크 등 여러 아랍 국가가 독립했고, 이들 국가에서도 근대화와 종교의 세속화가 진행되었다.

>> **레콘키스타** 가톨릭이 이베리아반도를 되찾기 위해 718년에 시작한 국토 회복 운동. 1492년 이슬람 왕조인 나스르 왕조로부터 그라나다를 쟁탈하면서 끝이 났다.

그러나 급격한 근대화 정책의 부작용으로 여러 이슬람 국가에서 빈부 격차가 확대됐다. 민중의 불만이 쌓이자 1979년 이란에서 지도자 호메이니를 중심으로 한 12이맘파가 이란 혁명(→132쪽)을 주도했다. 이를 계기로 ♥서구 추종을 멈추고 다시 이슬람 교리로 돌아가자는 이슬람 부흥 운동이 활발해졌다. 그런 상황에서 일부 신자가 과격해졌고, 2001년 미국에서 일어난 9·11 테러를 시작으로 세계 곳곳에서 테러가 빈발하게 되었다.

최근 들어 인구가 감소 추세인 선진국과 달리 이슬람권 국가에서는 인구가 증가하고 있다. 그에 따라 유럽을 중심으로 무슬림의 이민도 증가하고 있는데, 지역에 따라서는 그리스도교 문명과 이슬람교 문명의 대립과 분열이 심해지는 경우도 적지 않다.

♥ 오스만 제국 부상부터 현대에 이르기까지 주요 사건

13~18세기

오스만 제국의 전성기
1453년, 오스만 제국이 콘스탄티노플을 점령한 뒤 도시 이름을 이스탄불로 바꿨다. 1538년에는 프레베자의 해전에서 스페인·베네치아 연합군을 무찌르고 지중해의 패권을 쥐었다. 이슬람교가 동남아시아로도 확산되었고, 1526년에는 인도에서 이슬람 제국인 무굴 제국이 탄생했다.

19~20세기

오스만 제국의 쇠퇴와 멸망
이슬람 제국이 해체되고 많은 아랍 국가가 독립했다. 한편 영국은 오스만 제국이 분할될 즈음 팔레스타인에 유대인 국가 설립과 아랍인 국가 설립을 약속하는 2가지 밀약을 나란히 맺었다. 이 모순된 외교는 이후 중동 전쟁의 불씨가 되었다.

현대

이슬람 부흥 운동의 증진
제2차 세계 대전 이후 대부분의 이슬람권 국가에서 근대화와 세속화가 진행되었다. 그러나 이란 혁명을 계기로 이슬람 부흥 운동이 활발해졌고, 이란과 미국이 대립하면서 이란-이라크 전쟁(대리전)이 일어났다. 한때 과격파의 테러 활동도 빈번하게 일어났다.

서양 3대 종교 비교

분류	유대교	그리스도교	이슬람교
신자 수	약 1,500만 명	약 23억 명	약 14억 명
탄생	기원전 13세기 무렵	1세기 무렵	7세기 무렵
창시자	특별히 없음	예수	무함마드
성립	예언자 모세가 시나이 산에서 신과 계약(십계명)을 맺으며 성립	예언자 예수를 메시아(구세주)라고 믿는 제자들에 의해 성립	신의 계시를 받은 예언자 무함마드와 제자들에 의해 성립
종류	민족종교	세계종교	세계종교
숭배 대상/호칭	야훼	삼위일체(성부, 성자, 성령)	알라
가르침	율법을 지키고 신의 가르침에 따른다	구세주 예수의 부활을 믿는다	알라에게 귀의하고 6신 5행을 실천하면 구원받는다
종말관	사후에 최후의 심판을 통해 천국(낙원)으로 갈지 지옥으로 갈지 결정된다		
경전	타나크, 탈무드	구약 성경, 신약 성경	코란, 하디스
성지	예루살렘(이스라엘)	예루살렘, 바티칸, 산티아고데 콤포스텔라(스페인) 등	메카(사우디아라비아), 메디나(사우디아라비아), 예루살렘 등
종파	정통파, 보수파, 개혁파 등	가톨릭 각 분파, 개신교 각 분파, 동방 정교회 각 분파 등	수니파 각 분파, 시아파 각 분파 등
종교 시설	시너고그	교회	모스크
입교 방법	기본적으로 유대인만	세례를 받는다	신앙 고백을 한다
우상 숭배	금지	가톨릭, 정교회는 가능	금지
안식일	토요일	일요일	금요일
음식 규정	카쉬루트(코셔)에 따른 규칙	기본적으로 없음	할랄에 따른 규칙

※ 종파나 입장에 따라 다름

서양 3대 종교

반경 1킬로미터 안에 모여 있는 성지

세 종교가 얽히고설킨 예루살렘 문제

세 종교가 예루살렘을 성지로 결정한 이유

📍 예루살렘은 서양 3대 종교의 중요한 성지다. 먼저 유대교의 경우, 『타나크』(구약 성경)를 보면 예언자 아브라함(→39쪽)이 신의 명령에 따라 아들인 이삭을 제물로 바치려고 한다. 그 모습을 본 신은 그의 신앙심을 인정한다. 이때 아브라함이 신앙을 시

📍 예루살렘에서 일어난 주요 사건

	종교	예루살렘에서 일어난 주요 사건
BC 1000년 무렵	유대교	다윗왕이 수도로 정함
BC 950년 무렵		솔로몬왕이 제1성전 건립
BC 930년 무렵		이스라엘 왕국이 북쪽의 이스라엘 왕국과 남쪽의 유다 왕국으로 분열. 남쪽 유다 왕국의 수도가 됨
30년 무렵	그리스도교	예수가 골고다에서 처형됨
70년	유대교	로마 제국에 의해 신전이 파괴됨
336년	그리스도교	로마 제국이 성묘 교회를 설립
638년	이슬람교	정통 칼리파 시대에 예루살렘 점령
692년		우마이야 왕조 시대에 바위의 돔 건설
1099년	그리스도교	제1차 십자군 전쟁에서 예루살렘 점령
1187년	이슬람교	아이유브 왕조가 예루살렘 탈환
1929년	유대교, 이슬람교	통곡의 벽 사건 발생
1948년	유대교	이스라엘 건국 발표
	유대교, 이슬람교	중동 전쟁 발발
2017년	유대교	트럼프 전 대통령이 이스라엘의 수도라고 선언

중동 전쟁

이스라엘(미국의 지원)과 팔레스타인(아랍 국가들의 지원)의 전쟁. 제4차 중동 전쟁 때는 석유 파동이 한국과 일본에도 영향을 미쳤다.

트럼프에 대한 반발

트럼프가 갑자기 예루살렘을 이스라엘의 수도로 선언했다. 중동의 평화 협상을 좌절시키는 발표에 국내외에서 비판의 목소리가 높아졌다.

》》 **팔레스타인** 서아시아의 지중해 연안 지방을 말한다. 요르단강 서안 지구와 가자 지구로 이루어진 자치구를 의미하는 경우도 있다.

험받은 곳(바위)이 바로 예루살렘 신전을 세운 곳(통곡의 벽)이다.

한편 그리스도교에서 예루살렘은 예수의 죽음과 부활이 일어난 곳이다. 골고다(성묘 교회)에는 예수의 무덤이 있다고 알려져 있다.

또 이슬람교에서는 아브라함이 신앙을 시험받았던 바로 그곳에서 무함마드가 하늘로 올라갔다고 전해진다. 무함마드는 하늘에서 아브라함과 모세 등을 만나고 다시 예루살렘으로 돌아왔다. 그 후 이슬람교 신자들은 무함마드가 날아오른 바위를 지붕으로 덮고 '바위의 돔'이라고 부르게 되었다.

📍이들 성지는 예루살렘의 구시가지에 집중되어 있으며, 각 종교 신자들의 거주 지역이 분리되어 있다.

📍 예루살렘 시가지

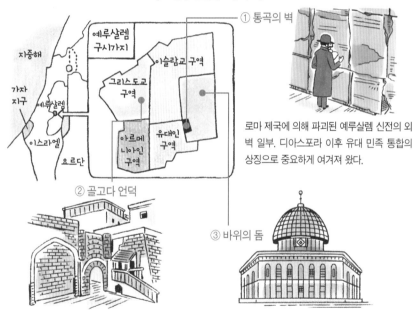

① 통곡의 벽

로마 제국에 의해 파괴된 예루살렘 신전의 외벽 일부. 디아스포라 이후 유대 민족 통합의 상징으로 중요하게 여겨져 왔다.

② 골고다 언덕

예수가 처형된 곳. 4세기에 콘스탄티누스 1세가 성묘 교회를 설립했다. 교회 중심부에는 예수가 묻혔다고 전해지는 '이디쿨'이라는 작은 건물이 있다.

③ 바위의 돔

우마이야 왕조 시대인 692년에 설립되었다. 무함마드가 메카에서 예루살렘까지 천마를 타고 날아와서 하늘을 향해 날아오른 곳이 바위의 돔이라고 전해진다.

>>> **통곡의 벽 사건** 1929년, 일부 유대인이 통곡의 벽 앞에서 이스라엘 국가를 부르는 등 아랍인을 도발하는 일이 발생했다. 이후 팔레스타인에서 아랍인들이 유대인 정착민들을 습격하는 사건이 일어났다.

윤회와 해탈을 탄생시킨

인도와 종교의 역사

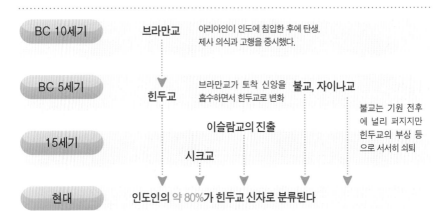

| BC 10세기 | 브라만교 | 아리아인이 인도에 침입한 후에 탄생. 제사 의식과 고행을 중시했다. |

| BC 5세기 | 힌두교 | 브라만교가 토착 신앙을 흡수하면서 힌두교로 변화 | 불교, 자이나교 |

이슬람교의 진출

| 15세기 | 시크교 | 불교는 기원 전후에 널리 퍼지지만 힌두교의 부상 등으로 서서히 쇠퇴 |

| 현대 | 인도인의 약 80%가 힌두교 신자로 분류된다 |

브라만교의 경전 『베다』

구 · 신

1. 삼히타(본서)
2. 브라흐마나(제의서)
3. 아라니아카(삼림서)
4. 우파니샤드(오의서)

좁은 의미로는 삼히타만 『베다』로 본다. 기원
전 6세기 무렵부터 편찬된 우파니샤드에는
윤회와 범아일여 사상이 설명되어 있다.

동양 사상의 근간을 만들다

힌두교와 불교는 인도에서 탄생했다. 이들 동양의 2대 종교는 고대 종교인 브라만교
에 큰 영향을 받았다.

브라만교는 인더스 문명이 쇠퇴한 후 서쪽에서 인도로 침입해 온 아리아인이 만
든 다신교다. 브라만교가 인도에 침투함에 따라 신 자체보다 제사 의식이 더 중요하

》》 **바르나 제도** 브라만(사제), 크샤트리아(귀족), 바이샤(평민), 수드라(노예)로 이루어진 신분 제도.
이후 카스트 제도(→108쪽)로 발전했다.

고대 종교 브라만교

동양 종교의 사생관

브라만교에서 계승된 것 윤회

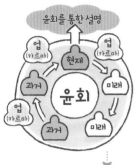

살아 있을 때의 행실은 카르마(업)로 쌓이고, 그에 따라 다음 생에 어디에서 태어날지가 결정된다는 윤회 사상. 수행을 통해 해탈의 범아일여를 깨달은 사람만이 윤회에서 벗어나 해탈할 수 있다.

↓

지금의 신분이 고통스럽더라도 좋은 업을 지으면 좋은 신분으로 환생할 수 있을지도 모른다.

↓

신분 제도(카스트 제도) 유지

불교의 윤회와 다른 점
브라만교에서는 개인을 실체가 있는 존재라고 여기지만, '공(空)'과 '무(無)'를 근본으로 하는 불교에서는 '무아(無我)'를 깨닫는 것이 해탈하는 길이라고 여긴다.

윤회와 해탈

브라만교에서 계승된 것 해탈

두려운 윤회에서 어떻게 벗어날 것인가?

↓

수행을 통해 진리를 깨닫는다

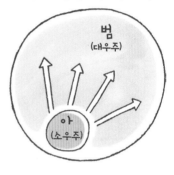

범아일여
우주의 근본 원리인 범(梵, 브라만)과 개인의 본질인 아(我, 아트만)가 동일하다는 사상. 이 진리를 깨달으면 우주와 개인이 합일을 이룬다고 본다.

게 여겨지기 시작했다. 그 결과 사제 계급인 브라만이 정점에 있는 '바르나 제도'라는 신분 제도가 탄생했다.

나아가 기원전 6세기에 걸쳐 경전 『베다』가 성립되면서 살아생전의 행실과 업(카르마)에 따라 어디에서 환생할지 결정된다는 '윤회', 깨달음을 통한 '해탈' 등 동양의 근간이라고 할 수 있는 사상이 생겨났다.

>>> **삼히타** 리그베다(찬가), 사마베다(가사), 야주르베다(제문), 아타르바베다(주술)의 4가지로 이루어졌다.

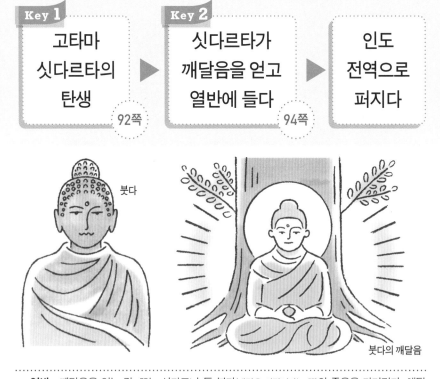

불 교

붓다의 깨달음과
✸ 불교의 시작

BC 600년

Key 1		Key 2		
고타마 싯다르타의 탄생	▶	싯다르타가 깨달음을 얻고 열반에 들다	▶	인도 전역으로 퍼지다
92쪽		94쪽		

붓다

붓다의 깨달음

>>> **열반** 깨달음을 얻는 것, 또는 석가모니 등 붓다(깨달은 사람이라는 뜻)의 죽음을 가리킨다. 해탈을 통해 번뇌에서 벗어난 경지.

090

우리에게도 친숙한 불교는 고타마 싯다르타(석가모니)가 붓다에 이르는 '깨달음'에서 시작되었다. 먼저 석가모니의 생애와 불교의 교리부터 살펴보자.

아소카왕

달라이 라마

| 불교 경전 결집 | ▶ | 아시아 각국으로 퍼져 나가지만 인도에서는 쇠퇴 |

>> **아소카왕** 인도 최초의 통일 왕조인 마우리아 왕조의 왕. 다르마(불법/부처의 가르침)를 통치 이념으로 삼아 나라를 다스리는 등 열렬한 불교 신자였다. 스리랑카에 포교 정책을 펼친 것으로도 유명하다.

불교

보리수 아래에서 깨달음을 얻다

고타마 싯다르타의 탄생

풍족한 왕자로 태어나 불교 창시자가 되기까지

훗날 불교를 창시한 고타마 싯다르타는 기원전 6세기 무렵 석가족의 왕자로 태어나 풍족하게 살다가 16세에 결혼했다. 하지만 생로병사를 비롯한 세상의 고통에 대해 깊이 생각하게 되었고 29세에 출가를 결심했다.

출가한 싯다르타는 브라만교의 수행 방식에 따라 고행에 매진했다. 그러던 중

📍35세에 깨달음을 얻은 싯다르타의 생애

출가(A)

수행자

죽은 자   노인

병자

싯다르타가 성 밖으로 나왔을 때 동문에서 노인을, 남문에서 병자를, 서문에서 죽은 자를, 북문에서 수행자를 보고서 이 세상의 고통을 깨닫고는 출가를 결심했다고 한다.

	주요 사건	개요
0세 (BC 600년~)	탄생	현재의 인도, 네팔 부근에서 태어나 고타마 싯다르타라고 이름 붙여진다.
16세	결혼	야쇼다라 공주와 결혼한다.
29세	출가(A) / 고행(B)	세속의 고통을 목격한 후 출가해 6년 동안 스스로 고행을 선택한다.
35세 무렵	깨달음(C)	고행을 마친 후, 보리수 아래에서 명상하며 깨달음을 얻는다.
	초전법륜	동료 수행자 5명에게 첫 설법(초전법륜)을 한다.
	승단 결성	1,000명이 넘는 승단을 결성한다.
	기원정사	상인인 수닷타가 '기원정사'라는 절을 지어서 기부한다.
80세	입적(D) / 열반	인도 북부 쿠시나가라에 있는 사라쌍수 아래에서 열반에 든다.

붓다로 →

》 **대승 경전** 기원 전후 대승 불교가 확산되던 때 편찬된 경전을 통틀어 일컫는다. 『반야심경』, 『법화경』 등 여러 경전이 있다.

📍고행으로는 깨달음을 얻을 수 없다는 생각에 이르러 브라만교의 수행 방식에서 벗어났다. 그리고 보리수 아래에서 명상하다가 깨달음을 얻었다. 보통 이때 깨달음을 얻은 이후의 싯다르타를 붓다라고 부른다.

그 후 붓다는 각지를 돌아다니며 포교하다가 고향으로 향하던 중 사라쌍수 아래에서 죽음에 이르렀다. 붓다의 죽음은 윤회로부터 완전히 해탈했다고 간주하여 '열반에 들었다'고 한다.

이러한 붓다의 생애와 깨달음에 이른 체험은 불교와 일신교를 비교할 때 중요한 의미를 가진다. 왜냐하면 일신교는 신에게 의지해야 구원받는다고 설파하지만, 불교는 개개인의 마음이 성숙해지면 구원받는다는 것이 교리의 근본을 이루기 때문이다.

고행 (B)

고행림으로 들어가 단식하며 고행에 매진한다. 하지만 고행으로는 깨달음에 이를 수 없음을 알아차린다.

깨달음 (C)

보리수 아래에서 명상에 잠긴다. 마침내 번뇌를 극복하고 깨달음의 경지에 이른다. 그 이후 붓다라고 불린다.

입적 (D)

45년여에 걸쳐 포교에 힘쓰다가 고향인 룸비니로 향하던 중에 제자들이 지켜보는 가운데 입적한다.

대표적인 불교 경전 및 성경과의 차이점

반야심경

짧은 경전으로 유명하다. 공(空) 사상 등 깨달음에 이르기 위한 본질이 핵심적으로 담겨 있다.

법화경

대표적인 경전 중 하나. 재가 신자와 여성을 포함해 누구나 평등하게 부처가 될 수 있다는 사상이 담겨 있다.

붓다가 입멸한 후 제자들이 불교 경전을 집대성하기 위해 여러 차례 모인 끝에 붓다의 가르침인 경장(經藏), 승려들의 생활 규칙인 율장(律藏), 승려들의 해설인 논장(論藏)으로 이루어진 3종류의 경전이 완성되었다. 이것을 삼장(三藏)이라고 한다. 이후 종파 분열 등으로 인해 무수히 많은 불교 경전이 만들어졌으며, 일신교의 성경과 같은 절대적인 경전은 존재하지 않는다.

≫ **사르나트** 붓다가 함께 수행한 5명에게 최초의 설법인 초전법륜을 한 곳. 현재의 인도 북동부에 위치하며 불교 성지 중 하나다.

연기, 중도, 사성제 팔정도 등

붓다가 얻은 깨달음의 본질

고통의 원인인 번뇌의 이유

인생은 생로병사와 같은 고통으로 가득하지만 마음의 변화를 통해 극복할 수 있다.
이것이 붓다가 얻은 깨달음의 본질이다.

불교에서는 돈에 대한 욕심이나 타인에 대한 분노와 같은 '번뇌'가 고통의 원인이

📍붓다의 가르침이 불교의 근본 교리로

모든 일은 인연생기로
설명할 수 있다!

1. 모든 일의 '이치'를 설파　연기

세상의 모든 현상은 직접적인 원인인 '인'과 간접적인
원인인 '연'으로 인해 생겨난다(생기)는 가르침. 고통의
원인을 찾아내면 번뇌에서 해방된다.

현을 알맞게 조율한
비파는 좋은 소리가 난다

2. 수행의 '적당한 수준'을 설파　중도

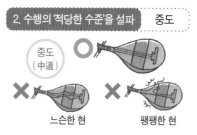

중도
(中道)

❌ 느슨한 현　　❌ 팽팽한 현

브라만교와 같은 지나친 고행, 혹은 쾌락을 추구하는
행동으로는 깨달음에 이를 수 없으며, 둘의 중간 상태
에서 수행에 매진해야 한다고 보았다.

》》》　**입적**　열반과 거의 같은 뜻으로 번뇌에서 벗어난 상태. 또 붓다(성불)가 되기 위해 노력하는 사
람을 보살이라고 부른다.

라고 말한다. 번뇌를 없애려면 고통을 느끼는 주체인 '나'라는 실체가 존재하지 않는다(공, 空)는 '무아(無我)'와 세상은 생성과 소멸을 반복하며 영원불변한 것은 없다는 '무상(無常)'을 깊이 깨달아야 한다. 붓다는 그렇게 하면 누구나 구제받을 수 있다고 설파했다.

이러한 근본을 바탕으로 붓다의 가르침은 제자들에 의해 체계화되어 갔다. 예컨대 고통 등이 발생하는 원리를 설명한 '연기(인연생기, 因緣生起)', 깨달음을 얻기 위해서는 극도의 고행도 쾌락도 아닌 '중도'를 지향해야 한다는 가르침, 세상의 4가지 진리(사성제, 四聖諦)를 이해하고 8가지 바른 방법(팔정도, 八正道)을 실천하면 고통을 없앨 수 있음을 설명한 '사성제 팔정도' 등을 들 수 있다.

3. 진리와 실천법을 설파　사성제 팔정도

이 세상의 고통(생로병사)

깨달음을 얻기 위해 이해해야 하는 4가지 진리(사성제)

고(苦)성제	집(集)성제	멸(滅)성제	도(道)성제
인생은 뜻대로 되지 않으며 고통으로 가득하다	고통은 욕망과 집착(번뇌)에서 비롯된다	고통의 원인인 번뇌를 없애면 열반에 이를 수 있다	열반에 이르는 구체적인 방법이 있다

깨달음을 얻기 위해 실천해야 하는 8가지 방법(팔정도)

정견(正見)	정사유(正思惟)	정어(正語)	정업(正業)
무상함을 받아들이고 바른 견해를 갖는다	모든 일을 도리에 맞게 생각하고 판단한다	거짓말하거나 욕설하지 않고 바르게 말한다	살생하거나 간음하지 않고 바르게 행동한다
정명(正命)	정정진(正精進)	정념(正念)	정정(正定)
바르고 건실하게 생활한다	꾸준히 선행하고자 노력한다	그릇된 생각을 버리고 붓다의 가르침을 바르게 받아들인다	바른 명상을 통해 정신을 집중한다

>>> **십이연기**　고통이 발생하는 과정을 12단계로 나타낸 것. 첫 번째 단계인 무명(無明, 무상 無常 등의 진리에 대한 무지)이 두 번째 단계인 행(行, 업)을 일으켜 고통이 생긴다고 본다.

☸ 인도에서 아시아로 현대에 이어지는 불교의 형태

Key 3

대승 불교와
상좌부 불교로
분열

98쪽

▶

Key 4

밀교의
탄생

100쪽

▶

인도에서
쇠퇴

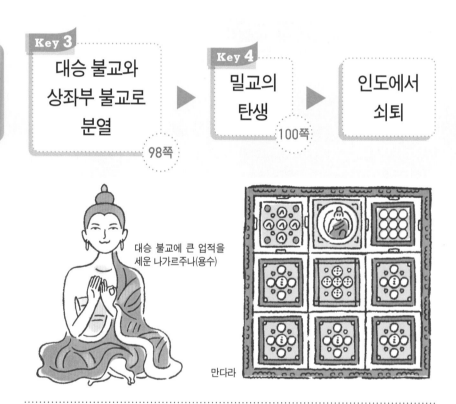

대승 불교에 큰 업적을
세운 나가르주나(용수)

만다라

>>> **만다라**　밀교에서 진리와 깨달음의 경지를 표현한 도안(그림). 〈태장계 만다라〉, 〈금강계 만다라〉가 유명하다. 일본 불교의 한 종파인 니치렌종(日蓮宗)의 본존불도 〈대만다라〉라고 불린다.

붓다가 입적한 후 분열에 분열을 거듭한 불교는 인도에서 쇠퇴하는 한편 아시아로 퍼져 나갔다. 현대에 이르는 역사와 불상의 세계를 살펴본다.

삼장 법사

Key 5

아시아에서
보급

▶

불상의 침투,
그리고 현대로

102쪽

102쪽

구카이(空海)

〉〉〉 **오계**　재가 신자(일반 신자)들이 지켜야 할 5가지 계율(五戒). 구체적으로는 살생, 도둑질, 거짓말, 음란, 음주를 멀리해야 한다.

Key 3

불교

상좌부 불교와 대승 불교의 차이점

출가하지 않고도 부처가 될 수 있는 대승 불교

기원전 3세기 무렵, 불교 승단은 계율을 중시하는 상좌부와 포교를 중시하는 대중부로 분열되었다. 둘은 더 많은 부파로 갈라졌고(부파 불교), 최종적으로는 📍상좌부 불교와 대승 불교라는 두 종파가 탄생했다.

📍대승(大乘)의 뜻이 '큰 수레'라는 데서 알 수 있듯 대승 불교는 중생 구제가 목적

📍 보수파와 진보파로 분열 → 아시아로 확산

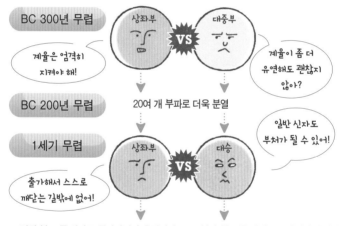

남방 불교 중 하나로 동남아시아에 전파됨　　　북방 불교 중 하나로 동아시아에 전파됨

대승 불교를 발전시킨 천재 사상가

천재 사상가 나가르주나(용수)는 일체 만물이 공(空)임을 강조했다. 연기(緣起, 94쪽)도 '연'이 있어서 '기'가 생기는 게 아니라 서로 의존 관계에 있으며 독립적으로 존재하지 않는다고 설파했다. 이러한 그의 사상은 '부처가 되려면 출가해야 한다, 출가하지 않아도 된다'라는 집착까지 버려야 한다는 대승 불교의 이론적 버팀목이 되었다.

〉〉〉 **육바라밀**　열반에 이르기 위해 해야 하는 6가지 수행. 베푼다(보시), 계율을 지킨다(지계), 인내한다(인욕), 노력한다(정진), 마음을 고요히 한다(선정), 옳고 그름을 가려낸다(지혜)의 6가지다.

이다. 그래서 수행을 쌓아야 부처가 될 수 있다는 기본 사상은 변함이 없지만, 중생을 구제하기 위해 여래와 보살을 숭배 대상으로 받아들이고 일반 신자도 부처가 될 수 있다고 설파했다.

실제로 '나무아미타불'이라고 염불을 외며 보살 등의 능력에 적극적으로 의지하면 극락정토에 왕생할 수 있다는 정토 신앙, 경전 자체를 숭배 대상으로 삼으면 모든 중생이 반드시 구제될 수 있다는 법화 신앙 등이 탄생하면서 상좌부 불교와는 다른 길을 걷기 시작했다.

이후 스리랑카와 미얀마, 태국 등 남쪽으로 전파된 남방 불교의 주류가 상좌부 불교, 티베트와 중국, 한국, 일본으로 전해진 북방 불교의 주류가 대승 불교가 되었다.

📍 대승 불교와 상좌부 불교의 비교

	상좌부 불교	대승 불교
수행의 목적	개인적인 수행을 통한 깨달음(해탈)	이타적인 수행을 통한 중생 구제
구제받는 대상	출가하여 수행하는 사람	모든 사람
승려가 아닌 일반 신자의 종교 행위	승려에게 시주 등	여래나 보살에게 기도
생활	탁발이 중심	기부도 받는다
최종 목표	아라한(최상의 깨달음에 이른다)	부처가 된다
수행 방법	계율을 실천	육바라밀을 실천
숭배 대상	석가모니	석가모니, 여래, 보살 외
경전	삼장(경장, 율장, 논장)	반야심경, 법화경, 아미타경 등

승려의 생활

탁발

바리때를 들고 불경을 외면서
음식이나 돈을 시주받는 수행

명상

일상생활의 욕망을 잊고 '무'의
경지를 목표로 수행

근행

주로 독경이나 예불 등의 수행

≫ **소승 불교**　상좌부 불교에서 가장 큰 세력이었던 설일체유부라는 부파를 대승 불교 측에서 '소승'이라고 여기며 낮춰 부른 이름. 상좌부 불교 측은 자신들을 소승 불교라고 보지 않는다.

깨달음의 과정을 표현한 만다라

인도 불교의 마지막 형태인 밀교

같은 밀교라도 들여다보면 전혀 다르다

대승 불교가 발전하는 동안 인도에서는 힌두교가 급부상했다. 이에 맞서 ♥불교를 부흥시키기 위해 힌두교의 토착 신앙과 융합하면서 밀교가 탄생했다.

초기 밀교는 교리에 체계가 잡히기 전이라 신비스러운 진언이나 다라니를 외는 신앙 형태였다. 이후 중기에 접어들면서 교리가 체계화되어 『대일경』, 『금강정경』등

♥ 밀교 탄생 → 일본, 티베트로

초기(4~5세기) 브라만교의 만트라(주문)에 영향을 받아 성립되었다. 진언이나 다라니를 외면서 현세의 복을 빌었다.

중기(6~7세기) 붓다가 설법하는 대승 경전과 달리 대일여래가 설법하는 밀교 경전이 편찬되었다. 『대일경』, 『금강정경』이 완성되자 다양한 만다라가 생겨났다.

만다라의 탄생
〈태장계 만다라〉, 〈금강계 만다라〉가 유명하다. 중생 구제나 깨달음에 이르는 과정 등이 표현되어 있다.

일본에서는 구카이와 사이초가 활약
둘 다 804년에 당나라로 건너가 밀교를 배운 뒤 일본으로 돌아갔다. 두 승려의 활약으로 중기 밀교가 일본 불교의 주류로 자리 잡았다.

후기(7~8세기) 남성원리와 여성원리의 합체를 표현한 얍윰(남녀합체불)을 숭배 대상으로 하는 등 관능적인 교리로 변모했다.

티베트 불교
후기 밀교가 전해진 티베트에서 발전한 불교. 라마라고 불리는 고승을 여래나 보살 등의 화신(化身)으로 여기며 숭배한다. 닝마파, 카규파, 겔룩파, 사카파의 4대 종파가 있으며, 달라이 라마 14세가 수장으로 있는 겔룩파가 가장 큰 종파다.

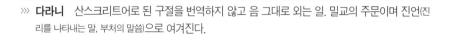

≫ **다라니** 산스크리트어로 된 구절을 번역하지 않고 음 그대로 외는 일. 밀교의 주문이며 진언(진리를 나타내는 말, 부처의 말씀)으로 여겨진다.

의 경전이 편찬되었다. 또 밀교의 세계관을 그림으로 표현한 만다라가 생겨났고, 대일여래를 중심으로 여러 부처와 보살이 그려졌다. ◆ 일본 천태종의 창시자인 사이초(最澄)와 일본 진언종의 창시자인 구카이(空海)가 일본에 들여간 것이 중기 밀교에 해당한다.

그러나 인도에서 불교는 점점 더 쇠퇴해 갔고, 후기 밀교는 오히려 힌두교에 가까워졌다. 이론보다 실천을 중시하고 성적 합일 수행을 긍정적으로 받아들이는 등 관능적인 교리로 변모해 갔다. 이윽고 후기 밀교는 티베트로 전해지면서 티베트 불교로 발전했다. 같은 밀교인데도 일본 밀교와 티베트 밀교의 교리가 다른 데는 이런 배경과 관련이 있다.

◆ 아시아를 석권! 불교의 전파 경로

상좌부 불교
남방 경로를 통해 기원전 3세기 무렵 스리랑카로 전해졌다. 그 후 태국과 미얀마 등으로 퍼져나갔다.

대승 불교
1~7세기 무렵 북방 경로를 통해 중국으로 전해졌다. 그 후 베트남, 백제(한국)를 거쳐 일본으로 퍼져나갔다.

티베트 불교
후기 밀교(티베트 불교)도 북방 불교의 하나로 볼 수 있다. 7세기 무렵 티베트로 전해졌다.

삼장 법사의 실제 모델인 현장의 여행
현장은 인도의 불교 경전을 중국으로 가져간 승려다. 629년 중국 장안(현재의 시안)을 출발해 645년에 600부 이상의 원전을 가지고 귀국했다. 그밖에 중앙아시아 출신 승려인 쿠마라지바(구마라습)도 많은 경전을 중국어로 번역한 것으로 유명하다.

≫ **대일여래**　진언 밀교의 본존이며, 대표적 만다라인 〈태장계 만다라〉와 〈금강계 만다라〉의 중심불(佛)이다. 참고로 티베트 밀교에서는 금강살타 등이 대일여래를 능가하는 존재로 숭배된다.

여래와 보살 구별법
심오한 불상의 세계

여래와 보살의 차이

원래 불교에서는 브라만교와 마찬가지로 불상을 만들지 않았다. 최초로 석가모니의 불상이 만들어진 곳은 인도 서북부 간다라 지방이라는 설과 인도 중부 마투라 지방이라는 설이 있는데, 정확한 기원은 알 수 없다. 이후 대승 불교가 성립되면서 2세기 무렵 여래와 보살을 비롯한 불상 제작이 확산한 것으로 추정된다.

먼저 💧최고 경지의 부처인 여래는 깨달음을 얻은 존재를 가리킨다. 그 때문에 욕심이 없음을 나타내는 듯한 검소한 차림새가 특징이다. 불교 창시자인 석가모니를 표현한 석가여래, 아미타 신앙을 통해 모든 사람을 깨달음으로 이끄는 아미타여래, 질병에서 구제해 주는 능력을 소유한 약사여래 등이 있다.

이미 깨달음을 얻은 여래와 달리 💧깨달음을 얻기 직전인 구도자를 보살이라고 한다. 그중에서도 관음보살이 널리 숭배된다. 관음보살은 성관음, 천수관음, 십일면관음 등 여러 모습으로 변신하여 중생을 구제하러 온다. 이렇게 본디 모습을 바꾸어 나타나거나 천수관음처럼 팔이 여럿인 이유는 많은 중생을 구제하기 위해서라고 한다. 그 밖에 중생을 구제하기 위해 지상에 내려오기까지 56억 7천만 년이 걸린다고 알려진 미륵보살, 중생을 지옥에서 구해주는 지장보살 등이 있다.

💧여래와 보살의 아래 등급이 명왕이다. 밀교에서 유래했다고 알려진 명왕은 불교 가르침을 따르지 않는 사람을 굴복시키는 존재다. 그래서 뾰족하게 돋아난 송곳니나 매섭게 노려보는 눈초리 등 분노한 모습이 특징이다. 부동명왕, 애염명왕, 공작명왕 등이 유명하다.

....

≫ **칠복신** 일본 무로마치 시대(14~16세기) 말기에 형성되었다. 에비스, 대흑천(다이코쿠텐), 비사문천(비샤몬텐), 복록신(후쿠로쿠주), 변재천(벤자이텐), 수노인(주로진), 포대(호테이)로 이루어져 있다.

일본의 칠복신과 인도가 관련이 있는 이유

불상을 분류할 때 📍명왕의 아래 등급이 천부다. 불법(佛法)을 수호하는 4명의 신인 사천왕 등이 포함되는 천부는 대부분 고대 인도(힌두교)의 신이 기원이다. 이것은 여러 신이 실크로드를 통해 전해졌을 때 중국이나 한국, 일본의 기성 종교에 흡수되었기 때문으로 여겨진다.

예를 들어 일본에서 복을 가져다주는 신으로 사랑받는 칠복신 중 하나인 대흑천은 힌두교의 암흑신인 마하가라와 신토의 치료와 주술의 신인 오쿠니누시가 융합한 신이다. 다른 칠복신을 비롯해 제석천왕, 범천왕 등도 인도의 영향을 받았다.

📍불상의 종류와 구별법

여래	보살	명왕	천부

- 석가모니의 모습이 기원
- 뽀글 파마 느낌의 헤어스타일(나발)
- 검소한 차림새
- 연꽃에 앉아 있는 경우가 많다.
- 대일여래상만 화려하다.

- 장식품이 많은 편(지장보살은 검소한 모습)
- 여래의 좌우에 배치되기도 한다.
- 양어깨를 타고 내려오는 천의를 입고 있다.

- 무서운 표정
- 무기나 뱀 등을 들고 있다.
- 팔다리의 개수 등이 다른 경우도 있다.
- 대일여래의 화신

- 힌두교에서 유래한 부처의 수호신
- 칠복신토 포함된다.
- 반은 인간이고 반은 짐승인 '반인반수'도 있다.
- 종류가 매우 다양하다.

≫ **불상의 배치**　일본에서는 중앙에 본존불, 양옆에 지위가 낮은 불상을 두는 경우가 많다. 대일여래를 중심으로 여래와 보살, 명왕, 천부를 배치한 도지(東寺, 교토에 있는 사찰)의 입체 만다라가 좋은 예다.

인도 문화의 토대

힌두교

기원 무렵

Key 1

브라만교에서
힌두교로

106쪽

Key 2

카스트 제도 등
교리의 성숙과 침투

108쪽

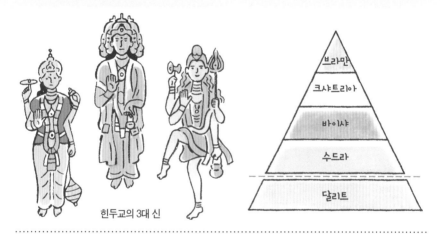

힌두교의 3대 신

브라만
크샤트리아
바이샤
수드라
달리트

》》 **자이나교**　마하비라가 창시한 종교. 불교와 거의 같은 시기에 인도에서 탄생했으며, 사제 중심인 브라만교를 비판했다. 살아 있는 모든 것을 죽이면 안 된다는 엄격한 불살생 교리로 유명하다.

104

힌두교는 신자가 세계에서 3번째로 많은 종교다. 카스트 제도를 비롯해 교리의 내용, 신자들의 관습 및 식사, 현대에 이르는 역사를 살펴본다.

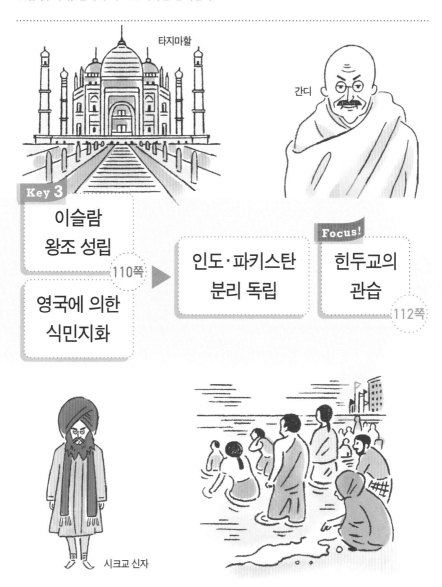

타지마할

간디

Key 3

이슬람
왕조 성립

110쪽

영국에 의한
식민지화

인도·파키스탄
분리 독립

Focus!

힌두교의
관습

112쪽

현대

시크교 신자

>>> **나나크**　시크교 창시자. 이슬람교의 영향을 받아 카스트 제도 등의 체제를 비판했다. 터번을 두른 나나크의 모습이 지금까지도 시크교 신자들에게 계승되고 있다.

Key 1

요가와 3대 신

힌두교

브라만교를 계승한 교리의 개요

힌두교는 어떤 종교일까

기원 전후, 쇠퇴 기로에 놓여 있던 브라만교는 토착 신앙과 불교의 일부분을 흡수하면서 재기에 성공했다. 편의상 재기한 이후의 브라만교를 힌두교라고 부른다.

힌두교는 고대 브라만교를 계승하면서도 서서히 ◉독자적인 신앙 체계를 구축해

◉브라만교가 진화한 형태인 힌두교

브라만교		힌두교
인드라, 바르나를 중심으로 한 여러 신	신	3대 신인 브라흐마, 비슈누, 시바 숭배가 중심
『베다』(→88쪽)	경전	『베다』에 더해 『마하바라타』, 『라마야나』도 경전에 준한다.
바르나 제도	신분 제도	카스트 제도가 성립

역할이 다른 3대 신

비슈누　　브라흐마　　시바

우주의 근본 원리인 브라만의 인격신 브라흐마, 세상을 유지하는 역할을 하며 화신(化身)으로 지상에 모습을 드러내는 비슈누, 파괴를 통해 새로운 세계로 인도하는 시바로 이루어져 있다.

경전에 준하는 2가지 문헌

『마하바라타』와 『라마야나』는 4세기 무렵에 성립되었다고 알려진 서사시. 부족 간의 전쟁 등이 묘사되어 있으며, 『마하바라타』에서는 크리슈나, 『라마야나』에서는 라마라는 이름으로 비슈누의 화신이 등장한다. 신들과 인간의 관계를 나타낸 신화로 받아들여졌다.

나갔다. 예를 들면 3대 신 숭배, 더욱 체계화된 신분 제도인 카스트 제도의 성립 등이 있다. 힌두교의 궁극적인 목표는 불교와 마찬가지로 윤회로부터 해탈하는 것이다(→89쪽). 그 목표를 이루기 위한 구체적인 방법은 ♥일상생활과 종교적 행위로 나뉜다.

먼저 일상에서는 인생의 3대 목적인 다르마(법), 아르타(이익), 카마(애욕)에 따라 생활한다. 그리고 종교적 행위로는 불교의 좌선에 해당하는 요가와 신에 대한 귀의인 박티(신애)를 실천한다.

이러한 일상생활과 종교적 행위를 통해 해탈(범아일여)을 목표로 하는 것이 힌두교 신앙의 기본이라고 할 수 있다.

♥ 힌두교에서 설파하는 해탈법

현세 = 고통

일상생활

다르마(법)
카스트 제도, 의식, 행사에 더해 우주론까지 적혀 있는 법체계인 『마누 법전』에 따른 생활 규범을 준수한다.

아르타(이익)
다르마에 어긋나지 않는 범위에서 정치와 경제를 통해 부와 재물 같은 세속적 실리를 추구한다.

카마(애욕)
산스크리트어로 애욕을 의미하는 것에서 알 수 있듯 힌두교는 사랑과 욕망을 긍정한다. 품위 있는 대중 예술 등도 포함된다.

종교적 행위

박티(신애)
신에 대한 절대적 귀의. 3대 신 중 어떤 신을 숭배하는지에 따라 비슈누파, 시바파 등이 생겨났다.

요가(명상)
불교의 좌선에 해당한다. 몸에 잠재된 성(性)적인 힘을 각성시켜 에너지의 근원이라고 할 수 있는 차크라를 여는 것이 목표다.

>> **차크라** 산스크리트어로 바퀴, 원을 의미한다. 회음부에서 정수리까지 총 7곳에 있는 차크라를 모두 열면 정신과 육체가 활성화해서 몸과 마음이 균형을 이룬다고 본다.

세습제로 이어지는 신분

현대까지 이어지는 카스트 제도와 그 실태

없어지지 않는 카스트 제도

📍인도 사회에는 힌두교의 카스트 제도가 밑바탕에 깔려 있다. 카스트 제도의 기원은 인도에 침입한 아리아인이 자신들 백인(지배 계급)과 비백인(피지배 계급)을 색깔(바르나)로 구별한 것으로 거슬러 올라간다. 이윽고 혼혈이 늘자 색깔이 아니라 신분으로 구별하게 되면서 바르나가 제도 자체를 가리키게 되었다. 사제 계급인 브라만을

📍 브라만교에서 계승된 카스트 제도와 그에 따른 신분

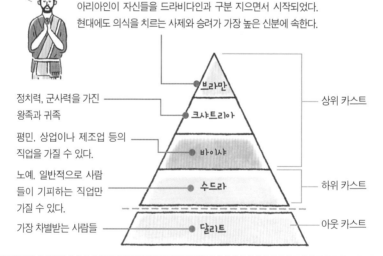

1. 신분의 상·하위를 나타내는   바르나 제도

고대 인도에 침입한 아리아인이 만든 신분 제도

우리 아리아인이 제일 높은 계급인 사제야.

브라만 등 지배자를 우대하는 제도로

아리아인이 자신들을 드라비다인과 구분 지으면서 시작되었다. 현대에도 의식을 치르는 사제와 승려가 가장 높은 신분에 속한다.

정치력, 군사력을 가진 왕족과 귀족 — 브라만

평민. 상업이나 제조업 등의 직업을 가질 수 있다. — 크샤트리아 — 상위 카스트

노예. 일반적으로 사람들이 기피하는 직업만 가질 수 있다. — 바이샤

가장 차별받는 사람들 — 수드라 — 하위 카스트

달리트 — 아웃 카스트

》》 **드라비다인** 인더스 문명을 구축했다고 여겨지는 민족. 아리아인이 침입하면서 정복당하거나 남인도로 쫓겨났다.

정점으로 크샤트리아, 바이샤, 수드라로 이어지고, 그 밑에는 아예 카스트 제도에 속하지도 못하는 달리트가 있다.

각 신분에 따라 가질 수 있는 직업도 정해져 있다. 그로 인해 직업이 세습되었고, 결혼 등도 같은 공동체 안에서 이루어지게 되었다. 이러한 직업 집단을 '출신'을 의미하는 '자티'라고 부른다.

바르나와 자티로 이루어진 카스트 제도는 현세의 카스트에 더 충실하게 살아야 내세의 보답으로 이어진다는 윤회 사상과 연결되면서 현대까지도 이어지고 있다.

2. '출신'을 의미하는   자티

**같은 카스트끼리만 결혼하거나 식사할 수 있고,
카스트별로 가질 수 있는 직업도 정해져 있다**

▼

직업별로 집단이 나뉘게 됨

상위 카스트

하위 카스트

보통 브라만, 크샤트리아, 바이샤가 상위 카스트라고 불린다. 카스트를 벗어난 결혼이나 식사는 금지되었으므로 특정 지역이나 직업별로 집단이 형성되었다. 이러한 집단을 자티라고 하며, 그 수는 3천여 개에 이른다고 한다.

📍현대 사회의 카스트 제도

1950년에 제정된 인도 헌법에서 카스트 제도에 의한 차별 행위가 금지되었다. 하지만 차별은 여전히 뿌리 깊게 남아 있어서 상위 카스트가 하위 카스트를 차별하거나 폭행하는 사건이 뉴스에 오르내리기도 한다. 한편 IT 엔지니어는 카스트와 상관없이 가질 수 있는 직업이다. 실제 인도는 IT 대국으로 성장하고 있어서 IT가 카스트 제도를 타파할 희망이라고 생각하는 사람도 적지 않다.

>>> **불교 개종** 인도 인구의 약 80%가 힌두교 신자라고 알려져 있지만, 하위 카스트에 속한 사람 중에는 이슬람교나 불교로 개종하는 경우도 적지 않다.

다른 종교와의 만남

이슬람교의 석권과 영국의 식민지화

인도와 파키스탄이 분리된 이유

중세에서 근현대에 걸쳐 다른 종교들이 인도에 진출했다. ◆먼저 무슬림 상인들을 통해 이슬람교가 전래되었다. 16세기에는 수니파 왕조인 무굴 제국이 들어섰고, 그 기간 동안 이슬람 문화와 인도 문화가 융합했다. 그때 세워진 대표적인 건축물이 세

◆ 다른 종교와의 만남 ① 이슬람교

16세기　이슬람 왕조인 무굴 제국이 성립

- 제국이 인도 전역을 지배
- 화합에서 탄압으로

- 민중의 다수파
- 황제의 탄압에 반발

17세기 후반 아우랑제브 황제 시대에 엄격한 이슬람 국가로 변모하면서 힌두교를 탄압했다.

16세기　시크교의 탄생

나나크가 힌두교와 이슬람교의 발전적 융합을 지향한 시크교를 창시했다. 시크교 신자들은 강한 결속력으로 무굴 제국의 탄압에 저항했다. 지금도 인도 서북부에서 파키스탄 북부에 걸친 펀자브 지방에 많이 거주하고 있다.

융합의 상징, 타지마할
무굴 제국 시대인 1653년에 완성된 묘소 건축물. 흰 대리석으로 만들어졌다. 모스크 건축, 페르시아 건축, 인도 건축의 요소가 어우러져 인도 문화와 이슬람 문화의 융합을 보여주는 세계 문화유산이다.

》》》 **비폭력·불복종**　영국 지배에 대한 인도 민중의 저항 운동. 간디가 불살생을 설파한 자이나교 교리에서 도입했다고 알려져 있다.

계 문화유산인 타지마할이다. 또한 힌두교와 이슬람교의 발전적 융합을 지향하는 시크교가 탄생했다. 시크교는 힌두교의 윤회와 환생을 긍정했지만 카스트 제도는 비판했다.

그 후 무굴 제국을 대신해 ♥영국이 인도를 식민지로 삼았다. 자연스레 그리스도교와 근대적인 사상이 전파되면서 카스트 제도 철폐, 나아가 인도의 식민지 독립을 외치는 활동가들이 등장했다. 대표적 활동가인 간디는 인도를 독립으로 이끌었지만, 그가 원했던 힌두교와 이슬람교의 화합은 끝끝내 이루어지지 않고 이슬람교를 믿는 파키스탄과 힌두교를 믿는 인도로 분리되었다. 이듬해, 간디는 힌두교 광신토에게 암살당했다.

♥ 다른 종교와의 만남 ② 그리스도교

1600년 영국이 동인도 회사를 설립

- 식민지화 시작
- 그리스도교 전래
- 영어 보급
- 이후 직할 통치

사회 운동이 활발해지다

카스트 반대 운동을 펼친 암베드카르

1891년 아웃 카스트로 태어난 후 변호사 자격을 취득했다. 인도 독립 후에는 법무장관을 맡아 인도 헌법을 제정했다. 아웃 카스트 수십만 명과 함께 불교로 개종한 것으로도 유명하다.

인도 독립의 아버지 간디의 소원

'비폭력·불복종'을 외친 인도 독립운동 지도자. 그러한 모습은 힌두교 신자뿐 아니라 이슬람교 신자들에게도 지지를 받았다. 또 아웃 카스트를 신의 자녀(하리잔)라고 부르며 해방을 호소했다.

>>> **분할 통치** 피지배자 사이에 분열을 일으켜 단결하지 못하게 하는 통치 방법. 인도의 독립운동이 거세질 것을 우려한 영국은 대중의 관심을 종교 대립이나 하위 카스트로 돌리며 통치를 이어 나갔다.

힌두교

소고기는 NO, 우유는 OK

알아두면 좋은 힌두교의 음식과 관습

인도인은 채식주의자가 많다

브라만교에는 신성한 것과 부정한 것을 엄격히 구분하는 교리가 있다. 이것이 힌두
교에도 계승되어 카스트 제도뿐 아니라 생활양식에도 영향을 미치고 있다.

동물을 예로 들자면 소는 신성하다고 여기지만 돼지는 부정하다고 여긴다. 둘 다

음식

어패류
어패류도 꺼리는 편이다. 가다랑어포 등 해산물
을 우린 육수를 사용한 음식도 금지.

소, 돼지를 비롯한 육식
소는 신성한 동물, 돼지는 부정한 동물로 여기는
데다가 살생하면 안 된다는 생각도 있어서 육류는
대부분 피하는 경향이 있다. 반면 소를 해치지 않
고 얻을 수 있는 우유 등의 유제품은 먹어도 된다.

파속 채소와 달걀
생명의 근원이라고 여기는 달걀도 사람에 따라
기피한다. 또 수행에 방해된다고 하여 마늘과
부추 등의 오신채도 멀리한다.

기타

**부정하다고
여기는 '왼손'**
배변 시에 사용하는 등 왼손은 부정하다고 생각
하므로 악수하거나 식사할 때 사용하지 않는다.

머리를 만지지 않는다

머리에는 신이 머문다고 여기므로 아이의 머리를
쓰다듬는 것을 포함하여 함부로 만지지 않는다.

>> **오신채의 금지**　오신채인 마늘, 부추, 염교, 양파, 파는 몸을 흥분시켜 수행을 방해한다고 여겨
금지한다.

'가까이 가지 않는다'는 점에서는 마찬가지라고 할 수 있다. 그에 더해 자이나교의 불살생 교리도 힌두교에 영향을 미쳐서 힌두교 신자는 대체로 고기를 먹지 않는다. 이런 배경으로 인해 인도인 중에는 채식주의자가 많다. 게다가 카스트에 따라서도 식사 규정이 다르므로 먹을 수 없는 식재료를 신자 개개인에게 물어보는 편이 좋다.

참고로 힌두교 신자들은 갠지스강이 부정함을 정화해 준다고 생각한다. 실제로 갠지스강에 가보면 목욕하는 신자를 많이 볼 수 있다. 또 시신을 화장한 후 갠지스강에 재를 흘려보내면 부정함이 정화되어 해탈에 이른다고 생각한다.

관습

축제를 좋아하는 힌두교 신자들
1년 내내 다양한 축제가 열린다. 추수를 감사하며 『라마야나』를 낭송하는 가을 축제 '디왈리', 다양한 빛깔의 색 가루와 색 물감을 서로에게 뿌리며 풍작을 기원하는 초봄의 축제 '홀리'가 유명하다.

갠지스강이 성스러운 강이라고 불리는 이유
갠지스강이 죄를 정화해 주는 성스러운 강이라고 믿는다. 그래서 많은 힌두교 신자가 목욕을 한다. 또 시신을 화장한 후 재를 강물에 흘려보내면 윤회에서 벗어날 수 있다고 여긴다.

브라만교에서 계승된 통과 의례 '삼스카라'

힌두교에는 40여 개나 되는 통과 의례가 있다. 그중에서도 탄생식, 입문식, 결혼식, 장례식을 중요하게 여긴다.

탄생식 ▶	입문식 ▶	결혼식 ▶	장례식
출산 직후에 성장을 기원하는 의식. 출생 10일 전후에 작명식과 정화 의례를 치른다.	남성이 정식으로 힌두교도의 일원이 되는 의식. 이 의식을 치른 후부터 『베다』를 배우기 시작한다.	결혼식은 성대하게 치르는 경우가 많다. 입문식과 함께 치르는 경우도 많다.	장작으로 덮인 시신을 화장한 후 재를 갠지스강에 흘려보낸다. 하위 카스트는 매장하기도 한다.

» **힌두 지상주의** 이슬람 원리주의(이슬람 부흥 운동)에 대항하는 형태로 등장했다. 1992년에는 과격한 힌두 지상주의자가 모스크를 파괴한 '아요디아 사건'이 발생했다.

동양 2대 종교 비교

분류	불교	힌두교
신자 수	약 4억 명	약 9억 명
시초	기원전 5세기 무렵	기원 무렵
창시자	붓다(석가모니)	특별히 없음
성립	붓다의 깨달음과 포교, 제자들의 전승을 통해 형성	브라만교가 토착 신앙과 불교의 영향을 받으며 형성
종류	세계종교	민족종교
숭배 대상 / 호칭	석가모니, 여래, 보살 등	3대 신(시바, 비슈누, 브라흐마) 등
교리	수행을 통해 윤회로부터 해탈(공·무 등)하는 것을 목표로 한다.	수행을 통해 윤회로부터 해탈(범아일여)하는 것을 목표로 한다.
경전	삼장, 반야심경, 법화경, 아미타경 등	베다, 마하바라타, 라마야나 등
성지	룸비니(네팔), 부다가야(인도), 사르나트(인도) 등	인도 갠지스강 유역의 바라나시, 야무노트리 등
종파	대승 불교 각 분파, 상좌부 불교 각 분파	비슈누파, 시바파 등
종교 시설	불교 사원	힌두 사원
입교 방법	출가(재가도 가능)	입교 의식(입문식)
우상 숭배	번성	번성
음식 규정	종파에 따라 육식을 피하는 곳도 있다.	모든 육식, 오신채 등을 피한다.

※ 종파나 입장에 따라 다르다

뉴스로 알아본다
'종교와 현대 세계'

트럼프 전 대통령의 미국 대통령 선거 패배, 러시아의 크림반도 합병을 둘러싼 논란 등 세계를 떠들썩하게 하는 뉴스 대부분은 종교와 관련이 있다. 종교가 국제 정세와 세계 경제에 미치는 영향을 살펴본다.

경제 개신교가 널리 퍼진 나라는 금욕과 천직 정신으로 빠르게 발전했다

가톨릭

 이탈리아   스페인   포르투갈

- ☑ 금욕 !
- ☑ 재산 축적 NG
- ☑ 노동은 고통스러운 의무
- ☑ 종교 행사를 우선시

개신교

 미국   영국   네덜란드

- ☑ 금욕 !
- ☑ 재산 축적 OK
- ☑ 이익 추구 OK
- ☑ 자본 투자 OK

이익

재산 축적   투자

자본주의와 궁합이 잘 맞음

그리스도교의 '금욕 정신'으로 인해 이익이 생기면 향락적인 소비나 낭비를 하지 않고 저축해서 투자하는 순환을 낳았다.

자본주의와 궁합이 잘 맞는 개신교의 사상

근대 이후 개신교 국가들이 경제 발전을 이루었다. 사회학자 막스 베버는 그 요인을 종교에서 찾았다.

그리스도교에는 기본적으로 금욕을 장려하는 교리가 있다. 게다가 개신교에는 '예정설'이라는 개신교 특유의 사상이 있다. 예정설이란 최후의 심판에서 구원받을 사람은 이미 예정되어 있다는 학설이다. 그래서 개신교 신자들은 자기가 구원받을 대상인지 아닌지 불안해한다.

베버는 천직 사상에 주목했다. 간단히 말해 개신교 신자들은 '자기 일에 열정을 다한다면 그 일은 천직임이 틀림없다. 구원이 예정되어 있기 때문에 천직이 주어진 것'이라고 생각함으로써 불안을 해소했다는 것이다. 베버는 이렇게 일에 열중(=이익 추구)하면서도 금욕을 의식하므로 이익을 향락에 소비하는 게 아니라 저축해서 투자하는 선순환이 이루어져 경제 성장으로 이어졌다고 말했다.

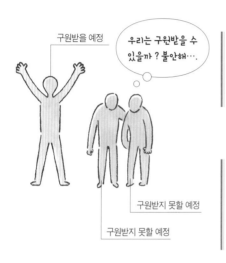

경제 발전의 이면에 있는 것 ①
'예정설'로 인한 심리적 불안

칼뱅이 주장한 사상. 최후의 심판에서 천국과 지옥 중 어디로 갈지는 신이 미리 정해두었다고 보았다.

경제 발전의 이면에 있는 것 ②
'천직'에 몰두해서 불안을 해소!

'열심히 일하는 사람은 천직이 주어진 (구원이 약속된) 사람'이라고 생각하는 한편, 일하지 않는 사람은 구원받지 못한다고 생각했다.

현대 자본주의를 예견한 베버

당시 경제 성장을 이루는 미국을 지켜보던 베버는 금욕 등의 종교적 윤리가 사라지고 있음을 간파하고, 오직 부의 축적만이 목적이 될 자본주의의 미래를 우려했다.

>> **막스 베버** 자본주의가 침투하는 데 개신교 교리가 공헌했다고 지적한 저서 『프로테스탄트 윤리와 자본주의 정신』으로 유명하다.

경제 종교에서의 수요와 공급, '보이지 않는 손'의 의미

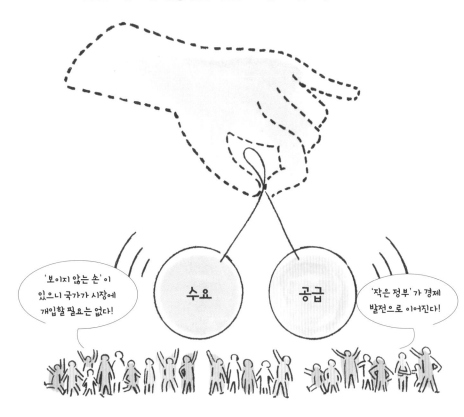

'보이지 않는 손'에 관한 잘못된 오해

일신교 세계에서는 절대적인 유일신의 힘이 경제에도 미친다고 생각한다. 대표적인 예로 '보이지 않는 손'을 들 수 있다.

애덤 스미스는 『국부론』에서 위와 같은 사상을 언급하며, 인간은 이기심을 위해 일하며 분업을 통해 노동 생산성이 향상된다고 지적했다. 또 개인의 이기심을 바

>>> **시장 만능주의** 국가가 시장에 간섭하지 않고 시장의 자동 조정 기능에 맡겨야 경제 발전으로 이어진다고 보는 사상적 입장.

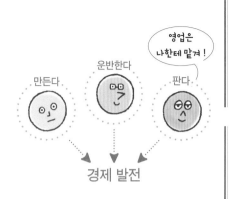

'보이지 않는 손'의 의미 ①
개인의 이익 추구가
사회 발전으로 이어진다

스미스는 인간이 가진 이기심을 지적했다. 즉 분업하는 사람들이 저마다 자기 이익을 추구하려고 하는 행위가 경제 발전이라는 결과로 이어진다고 말했다.

'보이지 않는 손'의 의미 ②
개인에게는 '동감'이라는 감정이
있으므로 사회 질서가 유지된다

스미스는 이기심을 가진 인간들이 모여도 사회 질서가 유지되는 이유에 대해서 개인이나 사회에는 서로 넘지 말아야 할 적정선, 즉 '동감(공감)'이 있기 때문이라고 지적했다. 시장은 자유방임해야 한다거나 자신의 이익을 위해서라면 무엇이든 해도 좋다고는 말하지 않았다.

탕으로 만들어진 수요와 공급은 보이지 않는 손에 의해 균형이 맞춰진다고 언급했다.

　이러한 생각은 시장 만능주의자들의 지지를 받고 있다. 그런데 스미스가 시장에 보이지 않는 손이 작용한다고 말하기는 했지만(따 1번) '신(神)'이라는 말은 하지 않았다. 스미스가 전제한 이기심의 의미도 '제멋대로'와는 거리가 멀다.

　요컨대 시장의 힘을 신봉하는 사람들이 자신들의 주장에 설득력을 더하기 위해 마치 '신의 손'이 존재하는 것 같다는 의미를 덧붙여 스미스의 주장을 왜곡하고 이용했을 뿐이다. 근현대에 일어난 경제대공황을 보건대, 신이 시장을 통제한다는 주장은 '환상'에 불과하다.

≫ **애덤 스미스**　영국의 경제학자. 개인이 가진 이기심과 공감에 대해 언급한 『도덕감정론』, 경제학의 출발점이라고 불리는 『국부론』을 발표했다.

경제 많은 가톨릭 국가가 경제 위기에 빠지는 이유

재정위기나 외환위기를 겪은 가톨릭 국가

가톨릭권 국가 중에서 근대 이후 경제가 눈부시게 성장한 나라는 거의 없다. 성장은커녕 2009년 말 유럽 재정위기 때 막대한 재정 적자를 안고 있음이 밝혀진 이탈리아, 스페인, 포르투갈 등은 모두 가톨릭 신자가 다수를 차지하는 국가다.

물론 단순하게 해석할 일은 아니지만 어떤 형태로든 종교와 관련이 있음은 부정할 수 없다.

가톨릭은 개신교와 달리 예정설이나 천직 같은 사상이 없다. 중세 가톨릭 교회에서의 노동은 아담과 이브에서부터 이어진 고통스러운 의무, 즉 원죄의 대가로 여기는 경향이 있으며, 가톨릭은 전통적으로 교회가 갖는 부의 재분배와 구휼의 기능이 큰 편이다.

이런 배경으로 인해 가톨릭은 경제 성장을 이룬 도시보다는 지역 공동체 사회에 더 적합하다고 볼 수 있다.

지역 공동체를 이루며
사는 게 최고지!

가톨릭과 경제 ①
선진국을 중심으로 가톨릭 이탈이 진행

인구의 약 30%가 가톨릭 신자인 독일에서는 2019년에 약 27만 명이 교회를 이탈했다. 전년도의 이탈 신자인 약 21만 명을 크게 웃도는 수치다. 교회 이탈 이유로 교회세 회피가 꼽히기도 하지만 가톨릭의 영향력이 쇠퇴했음을 엿볼 수 있다.

가톨릭과 경제 ②
프랑스와 독일은 가톨릭권 국가 아닌가?

프랑스와 독일에도 가톨릭교 신자가 많다. 하지만 프랑스는 프랑스 혁명 이후 종교 자체의 영향력이 약해졌다. 또 독일은 종교 개혁이 시작된 곳이어서 개신교의 사상이 널리 퍼졌기 때문에 경제 발전을 이루었다고 여겨진다.

경제

이자 금지! 꾸준히 성장하고 있는 이슬람 금융

이슬람 금융이란

이슬람 주요국인 QISMUT가 견인하는 이슬람 금융이 꾸준히 성장하고 있다. 이슬람 금융이란 이슬람법인 샤리아를 준수하는 금융 거래를 말한다. 가장 눈에 띄는 특징으로는 이자 금지가 있다.

　은행을 경영하려면 이자가 꼭 필요하다. 그래서 이슬람 법학자(울라마) 등이 거듭 검토한 끝에 과거 무슬림 대상(카라반)이 낙타를 타고 동방으로 무역하러 갈 때 출자자와 대상 사이에 맺은 계약에 주목했다. 대상이 무사히 무역을 끝마

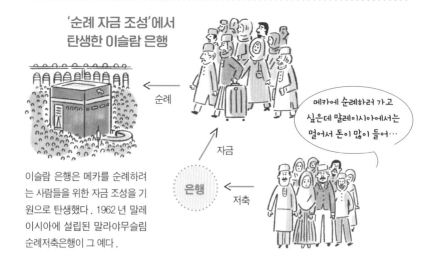

이슬람 국가들(QISMUT)

카타르, 인도네시아, 사우디아라비아, 말레이시아, 아랍에미리트 연방, 튀르키예

- ☑ 이익 추구 OK
- ☑ 이자 NG
- ☑ 투기적 거래 NG
- ☑ 주류 등의 거래 NG
- ☑ 울라마가 경영에 관여

'순례 자금 조성'에서 탄생한 이슬람 은행

이슬람 은행은 메카를 순례하려는 사람들을 위한 자금 조성을 기원으로 탄생했다. 1962년 말레이시아에 설립된 말라야무슬림 순례저축은행이 그 예다.

순례

자금

은행

저축

메카에 순례하러 가고 싶은데 말레이시아에서는 멀어서 돈이 많이 들어…

치면 이익을 절반씩 나누고 손실이 나면 대상뿐 아니라 출자자도 함께 손해 보는 구조를 은행에 적용한 것이다.

현재는 이러한 구조를 바탕으로 다양한 상거래가 생겨나고 있다. 예를 들어 이슬람 금융에서 가장 일반적인 거래인 '무라바하'에서는 일단 은행이 고객을 대신해 상품을 구입한다. 그런 다음 상품에 수수료를 추가해서 고객에게 재판매한다. 추가한 금액은 수수료(거래의 일부)이므로 이자라고는 해석하지 않는 것이다.

거래의 흐름

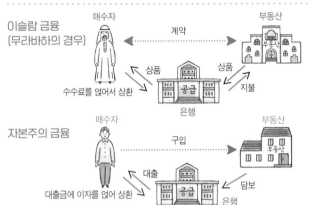

이슬람 금융
(무라바하의 경우)

매수자 — 계약 → 부동산

상품 / 상품 / 지불

수수료를 얹어서 상환

공급 은행

주택 등을 매매할 때 매수자와 매도자 사이에 은행이 들어가서 구입(매수자와 은행이 공동 소유)한다. 매수자가 '수수료'를 얹어서 상환함으로써 은행이 이익을 낸다.

자본주의 금융

매수자 — 구입 → 부동산

대출 / 담보

대출금에 이자를 얹어 상환

공급 은행

많은 경우 매수자가 은행에서 주택 담보 대출을 받은 다음 이자를 얹은 금액을 상환한다.

매년 높은 성장률
이슬람 금융은 앞으로도 계속 성장할까

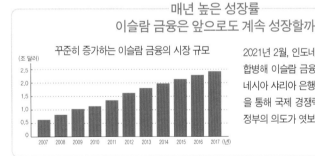

꾸준히 증가하는 이슬람 금융의 시장 규모

(조 달러)

2.5
2.0
1.5
1.0
0.5
0

2007 2008 2009 2010 2011 2012 2013 2014 2015 2016 2017 (년)

2021년 2월, 인도네시아에서 국영은행 3곳이 합병해 이슬람 금융 서비스를 제공하는 '인도네시아 샤리아 은행'을 출범했다. 이슬람 금융을 통해 국제 경쟁력을 높이려는 인도네시아 정부의 의도가 엿보인다.

※ 출처: ISLAMIC FINANCIAL ASSETS: GLOBAL TOTAL&GROWTH(Saudi Gazette)

》》 **QISMUT** 이슬람 금융 주요 6개국인 카타르(Qatar), 인도네시아(Indonesia), 사우디아라비아(Saudi Arabia), 말레이시아(Malaysia), 아랍에미리트 연방(United Arab Emirates), 튀르키예(Türkiye) 등의 머리글자를 딴 조어. 키스무트라고 읽는다.

경제

SNS의 확산은 종교의 구세주가 될 것인가

SNS는 종교에서 신비감을 빼앗는다

코로나 팬데믹이라는 상황이 겹치면서 비대면 활동의 증가로 인해 사람들의 온라인 교류가 활발해졌다. 종교 생활도 마찬가지인데, 포교 활동에 SNS를 활용하는 종교 단체도 적지 않게 생겨났다.

이러한 방식은 종교에 접근하는 문턱이 낮아지는 효과를 기대할 수 있을지도 모른다. 하지만 SNS가 세계적인 종교 쇠퇴 흐름을 바꿔놓기는 어려울 듯하다.

포교에 SNS를 활용하는 종교 단체가 늘고 있다. 신자들에게 모임이나 예배 정보를 전달하는 커뮤니케이션 도구로 사용하기도 한다.

SNS는 확산성이 뛰어나서 종교의 신비감이 사라지기 쉽기 때문이다.

종교는 같은 대상을 믿는 집단에 의해 형성된다. 집단이 종교 시설에 모여 함께 예배하고 기적을 체험하는 등의 경험이 쌓이면서 종교 단체로서의 동질감과 신뢰감이 생겨난다. 그러나 SNS에서는 그런 체험을 하기 어렵다.

또 SNS상에서의 비방이나 모함을 감수해야 한다는 문제도 있다. 종교 입장에서 보자면 정보화 사회는 되려 이미지 손실을 가져온다고 할 수 있다.

SNS 활용의 현실 ①
종교의 신비감이 사라진다

종교에는 인지를 넘어서는 비합리적인 측면도 적지 않다. 한 자리에 모여 서로 얼굴을 마주하지 않는 SNS에서는 신자들이 그런 '모순'을 초월하는 체험을 할 수 없다.

SNS 활용의 현실 ②
익명에 의한 유언비어나 비방에 노출될 수 있다

종교가 익명에 의한 중상모략의 표적이 되는 일이 적지 않다. 악성 루머가 확산되어 종교 단체의 이미지가 나빠질 수도 있다.

비방·모함

복음주의의 영향력

정치

미국 대통령 선거에서 트럼프가 패배한 이유

복음주의자들의 지지를 잃은 트럼프

2020년 11월, 미국 대통령 선거에서 재선을 노린 트럼프가 패배했다. 패배 요인 중 하나는 복음주의자들의 지지를 잃은 탓으로 보인다.

보수 개신교인 복음주의 신자는 미국 인구의 약 25%에 이른다. 중서부에서 남동부에 걸친 지역에 많이 살아서 이들 지역은 '바이블 벨트(Bible belt)'라고 불린다. 진화론을 비롯해 인공 임신 중절 등에 반대하는 경향이 있으며, 전도에 적극적이어서 주말이면 신자 2천여 명이 모이는 초대형 교회를 운영한다. 그동안 영

복음주의와 미국 대통령의 관계

복음주의의 특징 및 주장

- ☑ 미국 인구의 약 25%
- ☑ 교회 출석률이 높다
- ☑ 동성애 및 동성혼 반대
- ☑ 진화론에 부정적
- ☑ 초대형 교회를 운영해 자금력이 풍부하다

미국 최대의 초대형
교회인 남침례회 본부

과거 공화당
후보를 후원

제40대 대통령
로널드 레이건

- ☑ 복음주의 지도층이
  이라크 침공을 지지

제43대 대통령
조지 W. 부시

- ☑ 9·11 테러로 인해
  이슬람 원리주의에 반발

향력을 행사해서 공화당 후보가 대통령으로 선출되는 데 협력해 왔다. 2016년 트럼프가 대통령에 당선되었을 때 복음주의자 약 80%가 그에게 투표했다고 한다.

그러나 트럼프가 취임한 후 과거의 여성 문제, 우크라이나 대통령에게 군사 지원을 대가로 바이든 진영의 비리 의혹에 관한 정보를 요청했다는 우크라이나 스캔들이 수면 위로 떠오르면서 복음주의자들의 지지도 서서히 떨어지기 시작했다. 보수 성향인 여성을 대법관으로 지명하는 등 지지를 모으기 위해 마지막까지 동분서주했지만 2016년만큼 지지를 얻지는 못했다.

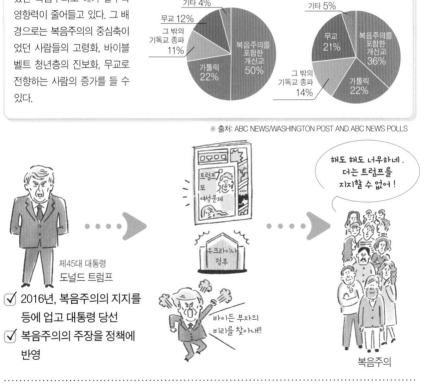

앞으로 복음주의의 영향력은 약해질까?

과거 절대적인 영향력을 자랑했던 복음주의도 해가 갈수록 영향력이 줄어들고 있다. 그 배경으로는 복음주의의 중심축이었던 사람들의 고령화, 바이블 벨트 청년층의 진보화, 무교로 전향하는 사람의 증가를 들 수 있다.

미국의 종교 비율

2003년
기타 4%
무교 12%
그 밖의 기독교 종파 11%
가톨릭 22%
복음주의를 포함한 개신교 50%

2017년
기타 5%
무교 21%
복음주의를 포함한 개신교 36%
그 밖의 기독교 종파 14%
가톨릭 22%

※ 출처: ABC NEWS/WASHINGTON POST AND ABC NEWS POLLS

제45대 대통령
도널드 트럼프
☑ 2016년, 복음주의의 지지를 등에 업고 대통령 당선
☑ 복음주의의 주장을 정책에 반영

트럼프 또 여성문제

우크라이나 정부

바이든 부자의 비리를 찾아내!!

해도 해도 너무하네. 더는 트럼프를 지지할 수 없어!

복음주의

》》 **복음주의**　종교 개혁 때 칼뱅 등이 예수 그리스도의 복음을 중시하고 성경으로 돌아가자고 주창한 '성경주의(복음주의)'를 충실히 지키려고 하는 개신교의 한 분파. 영국에서 미국으로 이주한 청교도 정신을 계승한다.

정치 유럽이 우려하는 이슬람화의 확대

튀르키예의 모스크 전환에 동요한 유럽

2020년 7월, 튀르키예의 에르도안 대통령이 이스탄불의 세계 문화유산인 아야 소피아(성 소피아)를 모스크로 전환한다고 발표했다. 이러한 결정에 각국 정상이 반발의 목소리를 높였다.

아야 소피아는 비잔틴 건축을 대표하는 건축물로 6세기에 동방 정교회 성당 으로 건설되었으나, 1453년 오스만 제국이 모스크로 개조했다. 오스만 제국이 해체된 후 1935년 종교 중립적인 박물관으로 변경되었고, 이후 세계 문화유산

이목이 쏠린 아야 소피아의 모스크 전환

세계 문화유산인 아야 소피아

튀르키예의 에르도안 대통령

☑ 6세기에 그리스 정교회 성당으로 건립: 그리스도교
☑ 1453년에 오스만 제국이 모스크로 개조: 이슬람교
☑ 1935년에 종교와 무관한 박물관으로 변경. 이후 세계 문화유산에 등재.

에 등재되었다. 아야 소피아는 세속주의를 내세우며 건국된 튀르키예의 상징적인 건축물이라고 할 수 있는 것이다.

튀르키예에서는 국민 90% 이상이 이슬람교(수니파)를 믿는다. 독실한 이슬람교 신자로 알려진 에르도안 대통령이 집권한 이후 이슬람주의 정책이 추진되었고, 아야 소피아의 모스크 전환도 종교적 보수층의 지지를 받고 있다.

그러나 유럽 국가들은 튀르키예가 강대국으로 발돋움하려 한다는 우려와 더불어, 쇠퇴하는 그리스도교를 대신해 이슬람교가 확산하여 세속주의를 위협할지도 모른다는 위기의식을 느끼고 있다.

이슬람주의를 추진하려는 튀르키예 정부와 이슬람 확장을 우려하는 유럽의 그리스도교 국가가 대립

유럽(그리스도교권 국가)이 우려하는 이슬람교의 확장

세계 인구에서 무슬림의 비율

(억 명)

무슬림   무슬림 이외

19.9% (1990) 21.6% (2000) 23.4% (2010) 24.9% (2020) 26.4% (2030) (년)

※ 출처: The Future of the Global Muslim Population(Pew Research Center)

무슬림이 증가하는 배경 ①
단순명료한 교리

이슬람교 신자가 늘어나는 데는 단순명료한 교리의 역할이 크다. 국민 입장에서는 6신 5행을 통해 일상에서 신앙을 실천하기 쉽고, 정부 입장에서는 정교일치 체제로 국가를 통치하기 쉽다.

무슬림이 증가하는 배경 ②
자녀를 많이 낳는
이슬람교 신자들

무슬림은 아이를 많이 낳는 경향이 있다. 무슬림 가정에서 태어난 아이는 어릴 때부터 이슬람교 신앙이 몸에 배므로 자연스레 신자도 늘어난다.

정치

프랑스에서 빈번하게 발생하는 테러와 프랑스 혁명의 관계

프랑스에서 테러가 많이 발생하는 이유

2020년, 프랑스 파리 근교에서 중학교 교사가 목이 잘려 살해되는 충격적인 사건이 발생했다. 수업 시간에 무함마드의 풍자만화를 보여 준 교사에게 분개한 과격파 무슬림이 저지른 범행이었다.

프랑스의 마크롱 대통령은 교사의 행동과 풍자만화에 대해 "모독을 포함해 표현의 자유가 있다"고 옹호했다. 한편 튀르키예와 이란 등 이슬람권 국가의 정

프랑스에서 과격파 무슬림이 일으킨 테러 사건

상들은 격렬하게 반발했다.

이 사건 외에도 2015년 파리에서 130명 이상이 사망한 동시다발 테러 등, 최근 프랑스에서는 테러가 빈번히 발생하고 있다.

이러한 배경에는 프랑스 혁명의 영향이 자리 잡고 있다. 프랑스인에게는 프랑스 혁명으로 종교 세력(가톨릭)과 결탁한 왕권을 타도하고 자유와 정교분리를 쟁취했다는 의식이 뿌리 깊게 남아 있다. 테러가 발생했음에도 프랑스 여론이 여전히 풍자만화에 찬성하는 데서도 자유와 정교분리에 대한 강한 의지를 엿볼 수 있다.

프랑스인에게 자유와 종교의 의미

프랑스 혁명

가톨릭과 왕정이 결탁한
절대 왕정을 타파

① 자유

'표현의 자유'는 프랑스에서 가장 기본적인 권리다. 개인에 대한 모욕이나 중상은 금지되지만, 종교에 대한 비판이나 모독은 표현의 자유로 해석된다.

② 엄격한 정교분리 '라이시테'

개인의 종교 자유를 보장하기 위해 국가와 교육기관이 종교적 색채를 띠는 일을 철저히 금지한다. 프랑스에서 정교분리는 국가 정책의 기본 방침이며 그 원칙을 '라이시테'라고 한다.

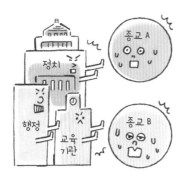

✕ 공공장소에서 히잡(무슬림 여성이 머리에 두르는 스카프) 착용 금지

✕ 십자가 액세서리를 차고 등교 금지

✕ 키파(유대교 신자들이 쓰는 모자)를 쓰고 등교 금지

정치

대립이 계속되고 있는 미국과 이란의 관계

양국 대립의 결정적 계기가 된 이란 혁명

미국과 이란은 석유 이권을 두고 다툼을 벌이다가 1979년 이란 혁명이 일어나면서 본격적으로 대립하기 시작했다.

이란 혁명은 세계적으로 진행 중이던 세속화 추세를 거스르고 이슬람주의로 '되돌아간' 혁명이었다는 점에서 세계에 충격을 안겨 주었다. 당시 이란의 최고 지도자였던 호메이니는 기존의 친미·독재 체제에서 벗어나 반미 노선을 전개했

이란과 미국 대립의 역사

1951년　이란에서 모사데크가 총리로 취임
- ☑ 그때까지 영국이 독점하고 있던 석유 이권을 국유화

1953년　이란에서 쿠데타 발생
- ☑ 친서방 성향인 팔레비 2세가 정권 차지
- ☑ 석유 이권이 다시 영국과 미국으로
- ☑ 이란에서 근대화(백색 혁명)가 추진되는 사이, 독재 체제에 대한 이슬람교 신자들의 불만이 높아짐

1979년　이란 혁명 발발
- ☑ 시아파 지도자인 호메이니가 정권 장악
- ☑ 이슬람주의 및 반미 노선으로 전환

1980년　이란·이라크전쟁 발발

중동에서 미국과 이란의 대리전이 발발

다. 그리고 이듬해, 미국이 이라크를 지원하는 형태로 이란에 침공하면서 이란·이라크전쟁이 일어났다.

이후로도 시아파인 이란과 복음주의가 확산한 미국의 단교 상태가 이어졌고 이란의 핵개발로 관계는 더욱 악화되었다. 오바마 정권 때 핵합의가 체결되었지만, 트럼프 정부가 들어서면서 핵합의를 탈퇴하고 이란 사령관을 암살하는 등 보복전이 이어졌다.

양측의 대립은 중동을 무대로 한 대리전에서도 나타났다. 미국, 수니파인 사우디아라비아, 이스라엘로 이루어진 진영과 시아파인 이란, 이라크, 시리아로 이루어진 진영의 구도로 시리아 내전과 예멘 분쟁이 발발했다.

이란과 미국을 둘러싼 주변 국가들의 관계

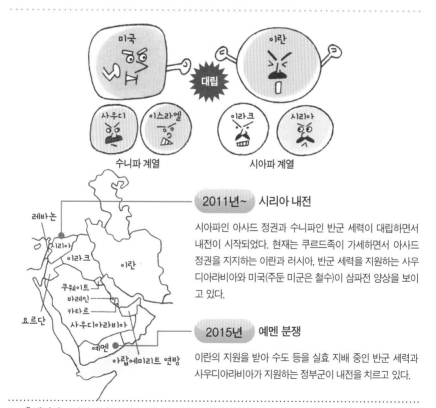

수니파 계열　　　시아파 계열

2011년~　시리아 내전

시아파인 아사드 정권과 수니파인 반군 세력이 대립하면서 내전이 시작되었다. 현재는 쿠르드족이 가세하면서 아사드 정권을 지지하는 이란과 러시아, 반군 세력을 지원하는 사우디아라비아와 미국(주둔 미군은 철수)이 삼파전 양상을 보이고 있다.

2015년　예멘 분쟁

이란의 지원을 받아 수도 등을 실효 지배 중인 반군 세력과 사우디아라비아가 지원하는 정부군이 내전을 치르고 있다.

≫ **호메이니**　시아파의 지도자. 원래는 이슬람 율법학자인 울라마로 활동하였으나, 팔레비 2세를 비판하다가 국외로 추방당했다. 이란 혁명 후 최고지도자 자리에 올랐으며 1989년 사망했다.

정치

러시아의 크림반도 합병으로
일어난 정교회의 분열

러시아에게 크림반도가 중요한 이유

2014년, 러시아가 우크라이나 영토인 크림반도를 합병했다. 제2차 세계 대전 이후 처음으로 무력에 의해 영토가 변경된 사례여서 세계의 비난이 쏟아졌다.

러시아 입장에서 보자면 지정학적 이익 때문이기도 하지만, 크림반도가 종교·문화적으로 중요한 지역이라는 점도 영향을 미쳤다. 우크라이나는 동슬라브 족 최초의 국가인 키예프 대공국이 세워진 지역으로, 키예프 대공국의 대공인 블라디미르 1세가 크림반도에서 세례를 받은 후 동방 정교회를 국교로 정했다

국제 사회가 반발한 크림반도 합병

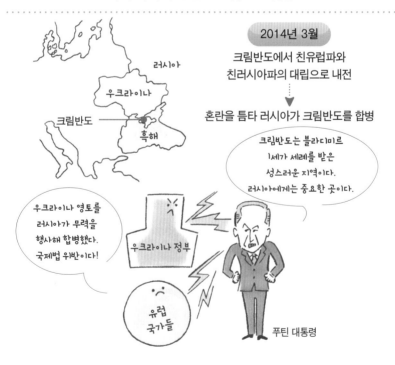

고 한다. 따라서 푸틴을 비롯한 러시아 정부로서는 러시아의 '발상지'라고도 할 수 있는 크림반도 합병이 숙원이었던 것이다.

우크라이나와 러시아의 대립은 정교회의 분열로 이어졌다. 종교적으로도 러시아에서 벗어나고 싶었던 우크라이나는 러시아 정교회에 소속돼 있던 우크라이나 정교회의 독립을 요청했고, 동방 정교회를 대표하는 콘스탄티노플 총대주교청이 이를 승인했다. 러시아 정교회는 반발하며 총대주교청과 관계를 단절하겠다고 선언했다.

크림반도를 둘러싼 러시아와 우크라이나의 대립

988년	러시아와 우크라이나의 기원이라고 할 수 있는 키예프 대공국의 블라디미르 1세가 크림반도에서 세례를 받은 후 동방 정교회를 국교로 인정
1783년	러시아 제국이 오스만 제국으로부터 크림반도를 탈환
1954년	소련 제1서기인 흐루쇼프가 크림반도를 우크라이나에 양도
1991년	소련 붕괴. 크림반도가 우크라이나로 편입
2014년	우크라이나의 내전을 틈타 러시아가 크림반도를 합병
2019년	크림반도와 러시아를 잇는 크림 대교 완성 및 철도 개통

우크라이나 사태
→ 러시아 정교회와 동방 정교회의 대립각

☑ 동방 정교회의 최대 세력
☑ 정부와 유대가 강하다
☑ 우크라이나 정교회의 독립
　→ 독립을 지지한 총대주교청과
　　관계를 단절하겠다고 선언

☑ 동방 정교회의 최고 권위
☑ 2018년, 우크라이나 정교회 독립을
　승인 → 1686년부터 러시아 정교회
　산하에 있던 우크라이나 정교회의
　독립을 지지

》》 **키예프 대공국** 동슬라브족을 중심으로 형성된 국가. 현재 우크라이나 수도인 키이우(키예프)를 수도로 삼았으며 9~13세기에 번성했다. 블라디미르 1세 때 그리스도교를 국교로 인정했다.

사회 이슬람 과격파의 탄생 배경과 확장

9·11 테러가 미국에서 발생한 이유

21세기 이후 이슬람 과격파에 의한 테러가 빈번해졌다. 테러 조직으로는 알카에다와 이슬람국가(IS)가 유명하다.

알카에다는 1979년 소련이 아프가니스탄에 침공했을 때 모인 이슬람 의용군 무자헤딘에서 파생되어 탄생했다. 소련이 철군한 후에는 오사마 빈 라덴을 중

이슬람 과격파의 확장과 그들의 주장

무슬림
약 14억 명

무슬림

6시 5행을 지키며 평화롭게 살고 싶어…

빈곤, 격차, 불평등, 정치인들에 대한 실망…. 과격파 무슬림 단체가 해결해줄지도 몰라.

일부 무슬림

IS
폭력을 써서라도 이슬람 국가를 세우자!

알카에다
미국과 미국의 동맹국에는 지하드(성전)다!

과격파
전체 무슬림 중
0.03% 이하

✓ SNS에서 과격파의 사상을 선전, 권유
✓ 코로나로 인한 불안감이 증폭

>>> **탈레반** 아프가니스탄을 무대로 활동하는 과격파 조직. 9·11 테러 후 빈 라덴을 숨겨둔 것으로 알려져 미군의 공격을 받았다.

심으로 반미 감정을 키워 나갔다. 세계의 무슬림들에게 지하드를 호소하며 2001년에 일어난 미국의 9·11 테러를 주도했다. 2011년 미국이 빈 라덴의 사망을 발표했지만 여전히 각지에서 활동하고 있다.

IS는 알카에다에서 독립한 조직으로 2014년 이라크와 시리아 지역에서 국가 수립을 선언했다. 유전(油田)이라는 풍부한 자금원을 확보한 IS는 서서히 알카에다의 영향력을 넘어서게 되었다.

대부분의 무슬림은 평화를 원하지만, 타국 생활에서 소외감을 느끼는 무슬림 이민자 등을 타깃으로 삼은 포교로 인해 일부 과격파가 탄생하고 있는 것이 현실이다.

이슬람 과격파 조직의 계보

1960년대	비이슬람 정부 타도(지하드)를 주장한 이집트의 이슬람 사상가 쿠트브의 사상이 확산되었다. 오사마 빈 라덴도 그의 영향을 받았다.
1979년	미국이 소련의 아프가니스탄 침공에 맞서 게릴라 조직인 무자헤딘을 지원
1988년	소련이 아프가니스탄에서 철수한 후, 빈 라덴이 무자헤딘의 조직원들과 함께 알카에다를 결성해 반미 성향을 키워 나갔다.
2001년	미국에서 9·11 테러 발생
2014년	알카에다에서 독립한 분파가 이슬람국가(IS) 수립을 선포

알카에다 계열

아프가니스탄, 예멘, 소말리아 등에 관련 조직이 있다고 알려져 있다. 2019년, 오사마 빈 라덴의 아들이자 차세대 최고지도자 후보로 거론되던 함자 빈 라덴의 사망이 발표되었다.

IS 계열

시리아와 이라크를 비롯해 예멘, 나이지리아 등에 관련 조직이 있다고 알려져 있다. 2019년, 최고지도자로 알려진 아부 바크르 알 바그다디의 사망이 발표되었다.

》》 **ISIS, ISIL**　이슬람국가(IS)를 가리킨다. 과거에는 ISIS라는 명칭을 썼지만 국가 수립을 선포하면서 IS로 명칭을 바꿨다. 미국 정부와 국제연합(UN) 등은 ISIL이라는 명칭을 사용한다.

교회 개혁의 추진

사회 남미 최초의 로마 교황 앞에 놓인 심각한 과제

로마 교황이 세계 여러 국가를 방문한 이유

2013년, 프란치스코 교황이 최초의 남미 출신 가톨릭 수장으로 선출되었다. 현재 가톨릭교회는 프란치스코 교황의 지휘 아래 개혁을 추진 중이다. 세계적으로 신자가 이탈하는 원인 중 하나로 꼽히는 신부의 성적 학대를 포함한 여러 심각한 과제를 해결하기 위해 다양한 정책을 펼치고 있다.

우선 신자를 확대하기 위해 교황이 세계 여러 나라를 방문하고 있다. 2019년에는 38년 만에 일본을 방문했고, 신자를 확대할 가능성이 있는 아시아와 교황

프란치스코 교황 앞에 놓인 과제

2013년 중남미(아르헨티나) 출신으로는 최초로
로마 교황에 선출

교회를 개혁합시다!

과제 ①
심각한 신자 이탈

과제 ②
신부들의 잇따른
성적 학대

프란치스코 교황

의 출신 지역인 남미 포교에 주력하고 있는 것으로 보인다.

또 신자가 이탈하는 원인 가운데 하나인 신부의 성적 학대에 대해서는 학대에 관한 비밀 유지 의무를 폐지할 방침이라고 발표했다. 실행된다면 고해 성사에서 아동 학대를 고백받은 성직자는 그 내용을 사제에게 보고하거나 수사에 협력 할 수 있다.

그뿐 아니라 재정난이라는 문제도 있다. 신자 이탈에 코로나 사태까지 겹치면서 미사에 참석하는 사람이 감소했기 때문이다. 자선 활동을 목적으로 모금한 기부금 조차 대부분 적자를 메우는 데 쓰이는 상황이다.

대책 ①
교황이 세계 각국을 방문해서 가톨릭의 위상을 높인다

2019년, 38년 만에 찾은 일본을 비롯해 한국, 스리랑카, 필리핀 등 아시아와 브라질, 칠레, 페루 등 남미 방문이 눈에 띈다. 교황이 방문하자 가톨릭 신자가 감소하고 있는 브라질에서도 미사에 참석하기 위해 신자 약 300만 명이 몰려들었다.

대책 ②
성적 학대에 관한 신부의 비밀 유지 의무는 폐지하는 방향으로

지금까지는 고해 성사 비밀 유지 의무가 철저히 지켜져 왔다. 그러나 프란치스코 교황은 범죄성이 있는 고백에는 비밀 유지 의무를 폐지하겠다고 발표했다. 실행된다면 신자나 성직자로부터 성적 학대 등의 고해를 받은 사제는 교회와 사법부에 보고할 수 있게 된다.

대책 ③
기부를 호소해도 재정 적자가 확대

신자 이탈과 코로나 사태로 미사가 줄어들며 재정난을 겪고 있다. 과거의 방만한 재정 운영도 재정난의 원인 중 하나로 지적되어 재정 재건을 서두르고 있다. 보도에 따르면, 자선 활동을 목적으로 모금한 '베드로 성금' 등의 기부금도 대부분 적자를 메우는 데 사용되는 상황이라고 한다.

헌금 → 적자 메우기

사회 유대인 중에서 천재와 억만장자가 많이 배출되는 이유

유대교에서는 누구나 학문을 배울 수 있다

금융, 경제, 학문 등의 분야에서 성공한 사람 중에는 유대인이 많다. 보통 유대인이란 유대교를 믿는 사람, 또는 어머니가 유대인인 사람을 말한다. 유대인 중에서 천재가 많이 나오는 이유로는 2가지를 꼽을 수 있다.

첫째로 중세 그리스도교 신자들은 이자를 받는 것이 금지되었던 반면 유대교

아인슈타인　　프로이트　　래리 페이지　　마크 저커버그

학문

정신분석학을 창시한 프로이트,
상대성 이론을 발표한 아인슈타
인, 『자본론』으로 유명한 마르크스
도 유대인이다.

금융·경제

현대에는 금융업계뿐 아니라 IT업계에
도 이름이 널리 알려진 유대인이 많다.
구글 창업자인 래리 페이지와 페이스북
창업자인 마크 저커버그가 유명하다.

에서는 이교도인 그리스도교 신자로부터 이자를 받는 것이 허용되었기 때문이다. 그 때문에 일찍이 금융업에 진출할 수 있었다. 또한 서구 사회에서 소수 집단인 데다 박해받은 역사를 가졌다는 점도 과거에 주류가 아니었던 금융과 대중예술 같은 업종에 진출한 이유로 보인다.

둘째로 2장에서 설명했듯 유대교는 성속(聖俗) 일치이기 때문이다. 성속이 분리된 나라에서는 오직 성직자만이 종교를 포함한 학문을 배우는 경향이 있었다. 하지만 유대교에서는 어린 시절부터 랍비를 통해 학문을 접할 수 있었다.

밥 딜런   스티븐 스필버그

영화 · 음악
영화감독인 스티븐 스필버그, 싱어송라이터인 밥 딜런 등 다양한 분야에 걸쳐 있다.

이유 ①
일신교 중 유일하게 이자를 받는 것이 교리에 어긋나지 않아 일찍이 금융업에 진출

금융업계에 일찍 진출했던 것이 현대 자본주의 체제에서 큰 영향력으로 작용했다. 또 박해받았던 탓에 과거에는 비주류였던 금융계와 대중예술계에 진출했다. 그로 인해 현대 경제계와 연예계를 견인하는 기업가, 대중예술인을 많이 배출하고 있다.

유대인 → ⭕ 금융, 대중예술 등 과거에는 비주류였던 업종

⋯⋯> ❌ 정치가 등의 주류

이유 ②
성속 일치로 지식이 독점되지 않아서 누구에게나 학문이 열려 있었다

성속 일치 체계로 인해 오랜 옛날부터 누구에게나 학문이 개방되어 있었다는 점도 크게 작용했다. 예를 들어 중세 그리스도교에서는 주로 신부가 학문을 담당했지만, 유대교에서는 남녀노소 불문하고 누구나 학문에 매진할 수 있었다. 지식을 독점하지 않았던 환경이 유명한 학자를 배출하는 것으로 이어졌다.

백인 우월주의자들의 성경 해석

사회

BLM 운동에서 예수상이 철거된 이유

인종 차별 문제의 배경에는 종교 문제도 있다

2020년, 흑인 남성이 경찰관에게 목이 짓눌려 사망한 동영상이 SNS에서 확산되었다. 이 사건으로 인해 2012년 17세 흑인 남성을 총으로 쏴 사망에 이르게 한 백인 방범요원이 이듬해 무죄 평결을 받으면서 시작된 'Black Lives Matter(BLM·흑인 생명은 소중하다) 운동'이 다시 활발해졌다.

흑인 이외의 인종도 많이 참여

시위 참가자 중에는 백인도 많았다. 운동가와 함께 무릎을 꿇고 BLM 운동에 연대를 보이는 경찰관도 눈에 띄었다.

SNS에서 확산 → 운동 확대

흑인 사망 동영상이 SNS로 퍼지면서 순식간에 세계에 널리 알려졌다. 'Black Lives Matter'라는 말도 해시태그를 단 게시물에 의해 퍼져나갔다.

BLM 운동은 SNS로 퍼지면서 운동이 확대되었다는 점과 다양한 인종이 참여했다는 점으로 유명하지만, 운동가들이 각지의 예수상을 파괴한 것도 뉴스거리였다.

사실 미국에 노예 제도가 있던 시절의 개신교 교단 중에는 공공연히 '흑인 노예는 신이 주신 제도'라고 선언하는 곳도 있었다. 게다가 예수 조각상과 그림이 백인으로 묘사되는 경우가 많다 보니 예수상(그리스도교)을 흑인 차별의 근원이라고 생각하는 사람도 적지 않다.

한편 예수상을 철거하는 행위에 대해 의문을 제기하는 흑인 목사와 흑인 민권 운동가도 있다. 그중에는 '악마의 행실'이라고 격렬히 비판하는 목소리도 있다.

예수상 철거

시위 참가자 중에는 예수상을 철거해야 한다고 호소하는 운동가도 있었다. 일부는 약탈이나 점포 파괴 행위를 보이는 등 폭도화했다.

왜 예수는 항상 백인으로 그려지지? 이것이야말로 백인 우월주의의 상징이다!

BLM과 예수는 무관하다. 예수상 철거는 폭동이다!

BLM 운동가

일부 목사

성경에 나오는 약속된 민족은 아리아인을 뜻한다!

백인 우월주의자

종교와 인종 차별을 연결시키는 이유

백인 우월주의자들은 대체로 가톨릭과 흑인, 유대인에게 반감을 갖고 있으며, 성경에 나오는 '약속된 민족'이 아리아인이라고 생각하는 경향이 있다.

종교의식 시행 불가, 수입 감소

사회

코로나 팬데믹이 종교 소멸을 가속시킨다

종교 행사부터 예배나 참배 같은 일상 속 신앙까지, 집단이 한 공간에 모여 기도를 올리는 행위는 종교의 매우 중요한 요소다. 그런 면에서 볼 때 코로나 사태로 집회가 금지되고 많은 종교의식이 중단된 것은 신앙을 실천할 기회의 상실, 종교 단체의 수입 급감으로 이어진다.

예컨대 일본에서도 신사에서 참배하기 전에 손과 입을 씻는 곳인 데미즈야 사용이 금지되거나 제례를 중지한 신사가 적지 않다. 이런 현상은 현대의 종교 소멸 추세를 더욱 가속시킬 것으로 예상된다.

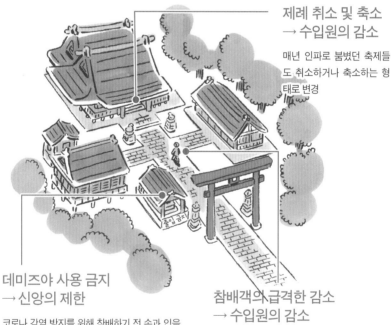

제례 취소 및 축소
→ 수입원의 감소

매년 인파로 붐볐던 축제들도 취소하거나 축소하는 형태로 변경

데미즈야 사용 금지
→ 신앙의 제한

코로나 감염 방지를 위해 참배하기 전 손과 입을 씻는 곳인 데미즈야(手水舍)나 참배하러 왔음을 신에게 알리기 위해 울리는 방울 달린 끈인 스즈오(鈴緒) 사용이 금지되는 경우도 있다.

참배객의 급격한 감소
→ 수입원의 감소

새해 첫 참배 등을 하기 위해 신사를 방문하는 참배객이 급격하게 줄어들었다. 그에 따라 부적과 운세 점괘 뽑기 등의 매출도 감소했다.

Chapter

4

키워드로 풀어 본다
'종교와 동아시아'

일본, 중국, 한국은 동아시아에 모여 있지만 저마다 종교의 실
태가 다르다. 각국의 종교관과 제2차 세계 대전 이후 발전한 신
흥 종교를 시작으로 동아시아와 종교의 관계에 대해 소개한다.

알고 보면 꽤 종교적인 나라
일본과 종교

3대 키워드

1. 애니미즘 **2.** 신불 습합 **3.** 정교분리

일본은 '무종교의 나라'라고 불리기도 하지만 새해 첫날 신사를 찾아 참배하는 풍속과 불교식 장례 등 다양한 종교 행위가 일상에 스며들어 있다.

일본에 뿌리내린 자연 숭배

애니미즘

147쪽

148쪽

신토와 불교의 융합
= 일본의 독자적인 종교

신불 습합

신불 습합

신토   불교

패전 후 일본은

정교분리

158쪽

맥아더 장군

쇼와 천황

산

신체(神體)산이라고 불리며 고대부터 숭배 대상으로 여겨졌다. 후지산이 대표적이다.

나치 폭포

폭포

깊은 산속에 있는 폭포도 신체로 여겨지는 경우가 많다. 일본 중남부 와카야마산에 있는 나치 폭포가 유명하다.

애니미즘

숲

신사를 에워싸듯 펼쳐진 숲도 수호림이라고 불리며 숭배 대상이다.

나무

신목(神木)이라고 불린다. 큰 나무가 많고 신사 경내에 있는 경우도 있다.

바위

암석 숭배는 이와쿠라 (磐座, 신의 거처라는 뜻)라고 하며 와카야마산에 있는 고토비키 바위가 유명하다.

일본의 신토는 '800만의 신'이라는 말이 있을 만큼 수많은 신이 숭배 대상이다. 신토의 기원은 자연계나 눈에 보이지 않는 것에 대한 경외에서 생겨난 애니미즘으로 거슬러 올라간다.

고대 일본에서는 생물이든 무생물이든 삼라만상에 정령이 깃들어 있다고 여기며 숭배했다. 게다가 신들은 멀리 떨어진 곳에 살다가 때때로 인간 세상에 내려온다고 믿었는데, 산꼭대기나 숲, 바위 등 신이 강림했다고 여겨지는 장소는 신령이 깃든 신체(神體)로 여기며 숭배했다. 자연물을 숭배하는 신앙 형태는 현대의 일본에도 남아 있다.

≫ **후지코 신앙** 에도 시대(1603~1867)에 탄생한 민간 신앙으로 후지산을 신체(神體)로 숭배한다. 이 신앙으로 인해 일본 중부 간토 지방을 중심으로 후지산을 본뜬 인공산이나 무덤이 많이 만들어졌다.

일본에 일신교가 침투하지 않은 이유

일본 사회에는 신토와 불교가 융합한 '신불 습합'이 뿌리내려 있다. 이것이 일본에서 일신교가 침투하지 않은 이유로 꼽힌다.

6세기 전반 중국과 백제를 거쳐 일본에 불교가 전래되었다. 불교 수용을 둘러싸고 숭불파인 소가(蘇我) 가문과 배불파인 모노노베(物部) 가문이 대립한 끝에 숭불파인 소가 가문이 승리했다. 이후 쇼무 천황이 불교에 귀의하면서 전국 각 지방에 관립 사찰인 고쿠분지(國分寺)를 세우고 고쿠분지의 총본산인 도다이지(東大寺)를 건립했다.

한편 일본의 토착 종교인 신토의 경우, 8세기 전반에 일본의 가장 오래된 문헌 혹은 역사서이자 신토의 건국 신화가 담긴 『고지키』(古事記)와

'신토×불교'의 연대별 주요 사건

『고지키』,
『니혼쇼키』편찬

쇼무 천황이 전국 각 지방에 관립 사찰인 고쿠분지를 건립했다. 한편 일본의 독자적인 신화가 집대성되었다.

불교 전래!

숭불파인 소가 가문이 승리. 쇼토쿠 태자가 불교를 보급해 융성으로 이끌었다.

본지수적설의
발전과 밀교의 전래

본지수적설이 침투. 신토에서 신성하게 여기는 산에서 수행하는 밀교(대승 불교) 유파 종교인 슈겐도(修驗道)가 성행.

| 6세기 | 8세기 | 10세기 |

>>> **히에이잔(比叡山)** 사이초(最澄)가 창시한 천태종의 총본산. 1571년 오다 노부나가에게 공격받던 당시 어마어마한 경제력과 군사력을 갖고 있었다고 한다.

『니혼쇼키』(日本書紀)가 편찬되었다.

이후 두 종교는 대립보다는 융합을 지향하게 되었고, 8세기부터는 신토의 종교 시설인 신사 경내에 불교의 종교 시설인 사찰을 세운 진구지(神宮寺)가 확산되었다.

이런 움직임이 발전하면서 헤이안 시대(794~1185)에는 본지수적(本地垂迹)설이 등장했다. 부처나 보살(본지)이 신이라는 임시의 모습으로 일본에 나타나(수적) 민중을 구제한다는 믿음이 널리 퍼져 근세까지 이어졌다.

그러나 개국 후 1868년 들어선 메이지 정부가 신토를 국교화하기 위해 신불 분리 정책을 추진하면서 많은 사찰이 파괴되었다. 국가 신토라고 불리는 체제가 확립되면서 국가와 신토가 밀착했지만, 제2차 세계 대전에서 일본이 패한 후 연합국 최고 사령부에 의해 해체되었다. 그 후 일본국 헌법에 종교의 자유가 명시되어 현재까지 이어지고 있다.

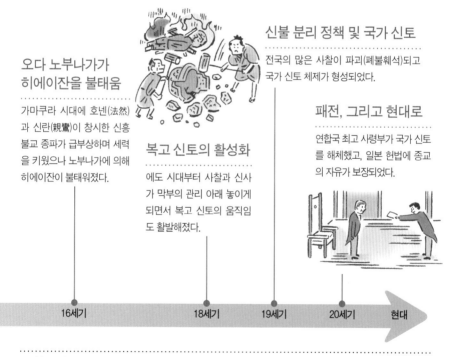

오다 노부나가가 히에이잔을 불태움

가마쿠라 시대에 호넨(法然)과 신란(親鸞)이 창시한 신흥 불교 종파가 급부상하며 세력을 키웠으나 노부나가에 의해 히에이잔이 불태워졌다.

신불 분리 정책 및 국가 신토

전국의 많은 사찰이 파괴(폐불훼석)되고 국가 신토 체제가 형성되었다.

복고 신토의 활성화

에도 시대부터 사찰과 신사가 막부의 관리 아래 놓이게 되면서 복고 신토의 움직임도 활발해졌다.

패전, 그리고 현대로

연합국 최고 사령부가 국가 신토를 해체했고, 일본 헌법에 종교의 자유가 보장되었다.

16세기　　18세기　19세기　20세기　현대

>> **복고 신토**　모토오리 노리나가, 가모노 마부치 등 일본 국학자가 제창한 신토. 불교 등 외래 종교의 영향을 받지 않았던 시대의 신토를 이상으로 삼았다.

일본 고유의 민족종교 '신토'

고대		8세기
애니미즘 신앙	⤏	『고지키』, 『니혼쇼키』 편찬

『고지키』
- 712년 완성
- 국내 조정용
- 신화시대 이야기가 중심

『니혼쇼키』
- 720년 완성
- 중국 등 대외용
- 편년체(연대순)로 기록된 역사서

① 일본을 탄생시킨 이자나미와 이자나기

② 일본 신화의 최고신 아마테라스

③ 전쟁에 몰두한 야마토타케루

세상이 존재하지 않던 무렵, 남신 이자나기와 여신 이자나미가 창으로 바다를 휘젓자 섬(일본 열도)이 만들어졌다. 이를 두고 '국토 창생 신화'라고 한다.

난폭한 행동을 일삼는 동생 스사노오에게 분노한 아마테라스가 천상세계에 있는 동굴에 틀어박히자 태양이 사라져 세상이 어둠으로 뒤덮였다. 아마테라스는 태양의 신이자 천황가의 조상신으로 여겨진다.

야마토타케루는 아버지인 게이코 천황의 명령으로 서쪽과 동쪽 지역을 정벌하러 나선다. 전쟁에 몰두하던 야마토타케루는 힘이 다해 백조가 되어 날아갔다고 한다.

『고지키』, 『니혼쇼키』의 내용

고대 일본에서는 800만의 신이 숭배 대상이었던 만큼 다양한 신화가 전승되어 왔다. 8세기 전반, 전승되어 오던 신화와 일본의 탄생에 관한 이야기를 집대성한 『고지키』와 『니혼쇼키』가 편찬되었다.

두 책은 거의 같은 시기에 만들어졌는데, 구성 등에 몇 가지 차이가 있다. 우선 일본식 변체한문으로 기록된 『고지키』는 신화시대(초대 천황인 진무 천황 이전)부터 제33대 스이코 천황(재위 592~628)까지를 다룬다. 한편 한자로 기록된 『니혼쇼키』는 신화시대부터 제41대 지토 천황(재위 690~697)까지를 다룬다. 이런 문체의 차이는 전자가

신사의 종류와 역할

신궁(神宮)

천황가의 선조와 천황을 모시는 신사. 이세 신궁, 메이지 신궁, 헤이안 신궁 등이 있다.

궁(宮)

고대 말기인 헤이안 시대부터 중세에 걸쳐 형성. 각 지역에서 격식이 가장 높다고 여겨지던 신사.

대사(大社)

신사의 총본산이거나 제2차 세계대전 이전에 높은 격을 부여받은 신사. 이즈모 대사 등이 있다.

신사(神社)·사(社)

가장 일반적인 명칭. 지역 신 등을 모신다. 오미야히카와 신사 등이 있다.

일본에 남아 있는 '인신(人神) 숭배'

그리스도교의 성인 숭배처럼 일본에도 역사상의 위인을 신으로 모시는 관습이 있다. 헤이안 시대 학자로서 많은 업적을 남겼으나 억울하게 죽음을 맞은 덴만궁(天滿宮)의 스가와라 미치자네, 일본을 통일하고 에도 시대를 연 도쇼궁(東照宮)의 도쿠가와 이에야스가 그에 해당한다.

80여 년 전만 해도 사실상 일본의 국교였던 신토

메이지 정부의 이념에는 복고(復古)신토가 포함되어 있었다. 그로 인해 폐불훼석이 일어나면서 많은 사찰이 폐쇄되었다. 종교의 자유는 당시 헌법인 대일본제국헌법에도 보장되어 있었지만 메이지 정부는 '종교의 자유에 저촉되지 않는다'고 해석하며 천황 숭배와 신토 신앙을 강요했다.

조정 내의 호족용으로, 후자가 중국 등 대외용으로 기록되었기 때문으로 추정된다.

또 『고지키』와 『니혼쇼키』에는 일본 열도를 탄생시킨 이자나미와 이자나기, 천황가에서 조상신으로 모시는 아마테라스, 머리와 꼬리가 8개씩 달린 뱀인 야마타노오로치를 퇴치한 스사노오 등 다양한 신에 대한 이야기가 적혀 있다.

참고로 일본 신화에 등장하는 신과 천황들은 신사 중에서도 신궁에 모셔지는 경우가 많다.

불교

여명기(고대)

교기

헤이안 시대
(고대 말기)

사이초

가마쿠라
시대(중세)

신란

에도 시대 이후(근세~)

일본 불교의 발전 단계

전래 → 구도자들의 활약

- 교기가 민중에게 포교
- 감진이 '계단'을 정비

당시 민중의 신망이 두터웠던 승려 교기(行基)가 도다이지(東大寺)에 대불을 조성하는 데 크게 공헌했다. 또 당나라에서 일본으로 건너온 고승 감진이 도다이지에 수계(출가자가 정식 승려가 되는 것)를 받는 장소인 '계단'을 설립했다.

밀교의 전래 → 영향

- 사이초가 천태종 창시
- 구카이가 진언종을 창시

사이초와 구카이가 현세 이익을 기원하는 밀교(대승 불교)를 일본에 전파했다. 두 승려가 각각 창시한 천태종, 진언종이 이후 일본 불교계의 주류 종파로 자리 잡았다.

신불교의 탄생

- 가마쿠라 신불교가 등장
- 정토 신앙이 민중에게 확산

중생 구제를 설파하는 정토 신앙이 성행하면서 정토종(호넨이 창시), 정토진종(신란이 창시), 니치렌종(니치렌이 창시) 등의 가마쿠라 신불교가 탄생했다.

단가 제도와 장례불교화

- 에도 시대에 단가 제도 도입
- 장례불교화의 진행

사찰과 신사가 막부의 관리 아래 놓이게 되면서 종파마다 '본산'과 본산에 소속된 '말사' 관계가 구축되었다. 이후 불교는 장례와 제사만 치르는 '장례불교'라고 불리게 된다.

위인들이 개척한 일본 불교의 역사

6세기에 일본으로 전래된 불교는 다음과 같은 단계를 거치며 침투해 나갔다.

불교가 전래되자 일본 고대 아스카 시대의 정치가인 쇼토쿠 태자는 나라를 다스리는 데 불교를 활용했다. 그는 호류지(法隆寺)를 건립하고 호족들에게 불교의 가르침을 설파하는 등 불교 진흥을 도모했다.

이후 나라 시대에 들어서면서 쇼무 천황이 불교를 보호하는 정책을 폈고, 중국에서 법상종 등 남도육종이 전래되었으며, 당나라 고승 감진이 계단(戒壇)을 설립하는 등 승려 인증 체계를 정비하면서 불교 보급이 확대되었다.

헤이안 시대에는 중국으로 유학을 떠났던 승려 사이초와 구카이가 일본에 밀교를

≫ **남도육종** 일본 나라 시대(710~784)에 공인된 6가지 불교 종파. 구체적으로는 법상종, 삼론종, 구사종, 성실종, 화엄종, 율종을 가리킨다.

일본의 대표적인 13개 불교 종파 일람표

종파	창시자	성립 연도	주요 본산	종파	창시자	성립 연도	주요 본산
법상종	도쇼(道昭)	7세기 중반	고후쿠지(興福寺)Ⓐ 외	정토종	호넨(法然)	12세기 중반	치온인(知恩院)Ⓔ
화엄종	신쇼(審祥)·로벤(良弁)	8세기 중반	도다이지(東大寺)Ⓐ	임제종	에이사이(榮西)	12세기 후반	묘신지(妙心寺)Ⓔ 외
율종	감진(鑑眞)	8세기 중반	도쇼다이지(唐招提寺)Ⓐ	조동종	도겐(道元)	13세기 초반	에이헤이지(永平寺)외Ⓕ
천태종	사이초(最澄)	9세기 초반	히에이잔(比叡山) 엔랴쿠지(延曆寺)Ⓑ	정토진종	신란(親鸞)	13세기 초반	혼간지(本願寺)Ⓔ 외
진언종	구카이(空海)	9세기 초반	곤고부지(金剛峯寺)Ⓒ	니치렌종	니치렌(日蓮)	13세기 중반	구온지(久遠寺)Ⓖ
융통염불종	료닌(良忍)	12세기 초반	다이넨부쓰지(大念佛寺)Ⓓ	시종(時宗)	잇펜(一遍)	13세기 후반	쇼조코지(清淨光寺)Ⓗ
				황벽종	인겐(隱元)	17세기 중반	만푸쿠지(萬福寺)Ⓘ

Ⓕ후쿠이현 에이헤이지초
Ⓑ시가현 오쓰시
Ⓘ교토부 우지시
Ⓔ교토부 교토시
Ⓖ야마나시현 미노부초
Ⓗ가나가와현 후지사와시
Ⓐ나라현 나라시
Ⓓ오사카부 오사카시
Ⓒ와카야마현 고야초

들여와 각각 천태종, 진언종을 창시했다. 또 신토와 밀교가 융합한 종교인 슈겐도(修驗道)가 탄생하는 등 밀교가 불교계를 장악했다. 다만 이 시기 불교는 귀족 사이의 유행이 중심을 이루었다.

11세기 무렵부터는 극락정토에 왕생하는 것을 목표로 하는 정토 신앙이 번성했다. 이 신앙은 중생 구제로 발전했고 가마쿠라 신불교로 이어졌다. '나무아미타불'을 외면 누구나 극락정토에 왕생할 수 있다고 가르친 정토종(호넨이 창시), 그 가르침을 계승한 정토진종(신란이 창시)이 정토 신앙의 대표적인 예다.

이후 에도 시대에 단가(檀家) 제도(154쪽)가 시행되면서 현대의 '장례불교화'로 이어졌다.

일본 현대 불교가 '장례불교'라고 불리는 이유

단가 제도는 에도 막부의 종교 통제 정책 중 하나였다. 말사에 단가의 신분증명서를 발급하게 하는 등 당시 포교가 금지되었던 가톨릭(그리스도교)과 니치렌종의 분파인 불수불시파를 단속하려는 막부의 의도가 깔려 있었다.

단가 제도의 성립

본사(本寺) —— 말사 관리 → 막부
본사(本寺) ← 보호 —— 막부

본사(本寺) ↓ 관리

말사(末寺) —— 예식 → 단가(서민)
말사(末寺) ← 시주 —— 단가(서민)

단가(서민) ↓

오늘도 내일도 모레도 제사 일정이 잡혀서 바빠!

- 사찰의 권력 확대 및 경제적 안정
- 장례와 제사에 특화 → 장례불교화

근세부터 현대까지 이어지고 있는 '장례불교'의 실태

에도 시대(근세)에 들어서면서 단가 제도가 시행되었다. 단가 제도란 단가(서민)를 특정 사찰에 신자로 등록시킨 다음, 사찰이 단가의 장례와 제사를 전담하는 대신 단가는 시주하여 사찰을 후원하는 제도다.

그에 더해 각 종파의 사찰을 본산과 말사로 구분하는 제도가 시행되었다. 본산이 장례와 제사를 지내는 사찰(말사)을 관리하고 각 종파의 본산이 막부에 말사 목록을 제출하게 함으로써 막부가 전국 사찰의 실태를 파악할 수 있게 한 것이다.

이런 제도로 인해 단가가 말사에 장례를 의뢰하는 관습이 침투했다. 그 결과 본래

>>> **불수불시파** 니치렌종의 분파 중 하나. 『법화경』 신자가 아닌 사람에게는 시주를 받지도(불수, 不受), 자선을 베풀지도 않는다(불시, 不施)는 교리가 있다.

과소화와 도시화로 인해 쇠퇴의 길로 가는 단가 제도

현대

변화 ①
과소화의 진행과 도시로의 인구 이동

고도 경제 성장 이후 도시로 인구가 유입되면서 지방을 중심으로 과소화가 진행되었다. '가문'이 사회의 기반이었던 생활양식이 변하면서 조상 숭배 정신이 약해지고 있다.

변화 ②
제2차 세계 대전 이후
농지 개혁으로 토지 상실

지방에 있는 사찰은 토지를 반납하시오

제2차 세계 대전 이후 농지 개혁이 이뤄지면서 지방 사찰은 수입원인 토지를 잃고 장례와 제사 수입에만 의존하는 처지가 되었다.

변화 ③
장례와 제사의
간소화

가족장

가족장으로 부탁드려도 될까요?

장례와 제사를 지내려면 돈이 든다. 따라서 도시를 중심으로 규모를 축소한 가족장을 치르거나 기제사 개념인 연기법회를 간소하게 치르는 흐름이 이어지고 있다.

머지않아 단가 소멸

불교의 가르침과는 동떨어진 장례 예법으로서 형식화된 일본의 불교, 즉 '장례불교'라는 형태가 확립되었고 불교 신앙이 서민층으로 확산되었다.

장례불교의 형태는 현대까지 이어지고 있으나 제2차 세계 대전 이후 상황이 달라졌다. 농지 개혁으로 지방에 있는 사찰이 토지를 빼앗기면서 경제적 안정을 잃은 것이다.

또 경제 성장으로 인구가 도시로 이동하면서 과거 일본 사회의 토대였던 '가문'의 가치가 점차 낮아졌다. 그 결과 조상 숭배 정신이 약해지고 장례가 간소화되고 있다. 이런 배경으로 인해 현재 많은 사찰이 경영난을 겪고 있다고 한다.

» **영대공양묘** 현대 일본에서 가장 일반적인 묘소 형태. 묘를 계승할 사람이 없어도 비교적 저렴한 비용으로 사찰이나 공원묘지에서 유골을 보관하고 관리해 준다.

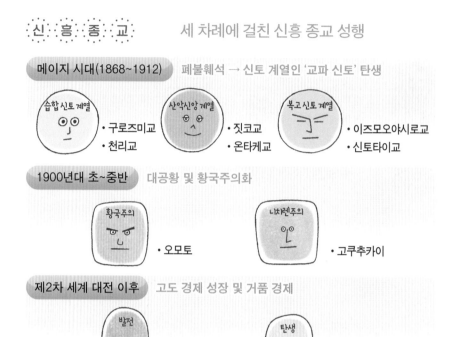

신흥종교 세 차례에 걸친 신흥 종교 성행

메이지 시대(1868~1912) 폐불훼석 → 신토 계열인 '교파 신토' 탄생

습합 신토 계열
• 구로즈미교
• 천리교

산악신앙 계열
• 짓코교
• 온타케교

복고 신토 계열
• 이즈모오야시로교
• 신토타이교

1900년대 초~중반 대공황 및 황국주의화

황국주의
• 오모토

니치렌주의
• 고쿠추카이

제2차 세계 대전 이후 고도 경제 성장 및 거품 경제

발전
• 창가학회
• 입정교성회

탄생
• 옴진리교
• 행복의 과학

신흥 종교뿐 아니라 신(新)신흥 종교까지 등장!

신흥 종교란 신토나 불교 같은 기성 종교에 비해 비교적 역사가 짧은 종교를 말한다.

일본에서는 세 차례에 걸쳐 신흥 종교가 우후죽순 생겨났는데, 그 이유로는 먼저 메이지 정부의 폐불훼석(불교 사원, 불경, 불상 등을 훼손)을 꼽을 수 있다. 이 일로 인해 메이지 정부의 공인을 받은 교단인 '교파 신토'가 탄생했다. 교주의 종교 체험 등을 바탕으로 결성된 구로즈미교(黑住教)와 천리교(天理教), 산악신앙을 기반으로 한 짓코교(實行敎)와 온타케교(御嶽敎), 복고 신토 계열인 이즈모오야시로교(出雲大社敎)와 신토타이교(神道大敎) 등이 포함된다.

이후에는 일본 천황을 신격화한 황국 사관이 확산되면서 민족주의를 내세우는 신흥 종교가 등장했다. 황국 사관과 니치렌 신앙을 결합한 고쿠추카이(國柱會), 천황 중

주요 신흥 종교 및 신(新)신흥 종교

	종교명	설립연도	창시자	개요
신토 계열	구로즈미교 (黑住敎)	1814년	구로즈미 무네타다	일본 신화 속 해의 여신인 아마테라스를 숭배하는 교단. 매일 아침 떠오르는 태양을 바라보며 예배하는 의례를 중시한다.
	천리교 (天理敎)	1838년	나카야마 미키	교단 본부가 있는 일본 서부 나라현 덴리시는 종교 시설이 집중된 일본 제일의 종교 도시로 유명하다.
	곤코교 (金光敎)	1859년	곤코 다이진	일본 서부 오카야마현에 본부가 있다. '덴치카네노카미(天地金乃神)'와 창시자인 '생신(生神) 곤코 다이진'을 신봉한다.
불교 계열	고쿠추카이 (國柱會)	1884년	다나카 치가쿠	'순수 니치렌주의'를 내세운다. 설립 당시 명칭은 입정안국회 (立正安國會)였으나 1914년에 명칭을 변경했다.
	레이유카이 (靈友會)	1920년	구보 가쿠타로	법화경과 조상 공양을 중시한다. 입정교성회는 레이유카이 신자였던 사람이 창시했다.
	창가학회	1930년	마키구치 쓰네사부로	법화계열의 신흥 종교로 전 세계에 신자를 두고 있다. 일본 집권당인 자민당과 수십 년 동안 연립 정권을 이뤄 온 공명당의 모체다. 1960년 이케다 다이사쿠가 3대 회장으로 취임한 후 교세가 전 세계로 확장되었다.
	옴진리교	1984년	아사하라 쇼코	아사하라 쇼코 등 교단 간부가 폭주해 테러 행위를 일으켰다. 2000년 알레프로 명칭을 변경했다.
	행복의 과학	1986년	오카와 류호	총재인 오카와 류호의 저서를 경전으로 삼는다. 해외에서는 '해피 사이언스(Happy Science)'라는 명칭을 쓴다.
기타	PL 교단	1924년	미키 도쿠하루	정식 명칭은 '퍼펙트리버티 교단'이다. 일본 서부 간사이 지역을 중심으로 예술 활동에도 적극적이다.
	사이언톨로지	1954년	L. 로널드 허버드	자기계발적, 실천적인 교리가 특징이다. 신자 중에는 유명한 할리우드 배우 등도 있다.
	통일교	1954년	문선명	한국에서 설립된 그리스도교의 한 분파. 현재의 명칭은 '하늘부모님성회 세계평화통일가정연합'이다.

심 정치체제 수립을 슬로건으로 내세운 오모토(大本)가 해당된다.

국가 신토 체제가 무너진 제2차 세계 대전 이후에는 경제 성장에 발맞춰 '가난·질병·전쟁으로부터의 해방'을 슬로건으로 내세운 창가학회 등이 급성장하며 정치계에 진출했다. 또 창가학회와 마찬가지로 니치렌종 계열인 입정교성회(立正佼成會) 등도 발전했다.

신흥 종교는 1970년대 이후 대체로 쇠퇴하는 추세였으나 옴진리교 등 '신(新)신흥 종교'라고 불리는 교단이 탄생했다. 옴진리교는 1995년 도쿄 지하철에 화학무기로 사용되는 신경성 독가스인 사린을 살포하는 사건을 일으켜 일본 전역을 뒤흔들어 놓았다.

3

정교분리

일본의 정교분리

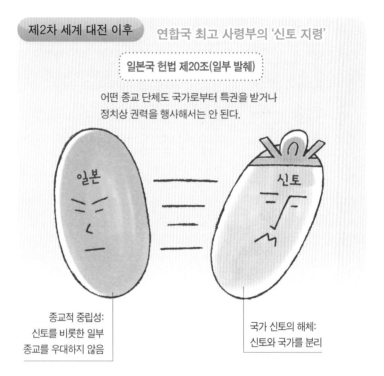

제2차 세계 대전 이후   연합국 최고 사령부의 '신토 지령'

일본국 헌법 제20조(일부 발췌)

어떤 종교 단체도 국가로부터 특권을 받거나
정치상 권력을 행사해서는 안 된다.

일본

신토

종교적 중립성:
신토를 비롯한 일부
종교를 우대하지 않음

국가 신토의 해체:
신토와 국가를 분리

야스쿠니 신사 참배가 뉴스에 오르내리는 이유

일본에게 제2차 세계 대전 패전은 사실상 신토를 국교로 한 국가 체제의 해체를 의
미했다. 연합국 최고 사령부는 일본이 군국화의 길로 치달은 원인이 국가신토(연합
국 최고 사령부가 처음으로 사용한 말)에 있다고 보고 일본 정부에 국가신토 폐지, 철저한
정교분리, 국민의 종교의 자유 등을 요구하는 '신토 지령'을 명령했다.

이에 따라 1947년 시행된 일본국 헌법에 종교의 자유와 정교분리가 명시되었다.
국가의 관리 아래 있던 신토는 새로 바뀐 종교법인법에 따라 민간 종교법인으로 전
환되었다. 메이지 시대 이후 이세 신궁을 정점으로 관립 신사(이즈모 대사 등)와 그 밖

정교분리로 의제에 오른 문제

의제 ①
총리의 야스쿠니 신사 참배

전쟁에서 목숨을 잃은 군인을 안치한 야스쿠니 신사에 총리가 참배하는 것을 두고 논쟁이 벌어졌다. 초점은 개인적인 참배인가, 공적인 참배인가에 맞춰져 왔다.

의제 ②
공명당을 비롯한 종교 정당의 존재

공명당(창가학회가 모체)의 정권 참여에 대한 지적이 있다. 공명당 측에서는 제2차 세계 대전 이전 정부와 국가 신토의 관계와는 전혀 다르다며 정교분리 원칙에 위반되지 않는다고 주장하고 있다.

의제 ③
천황의 국사 행위

2019년 나루히토 레이와 천황이 즉위할 때 거행된 '검과 곡옥(曲玉) 승계 의식' 등 일본 신화에 기원을 둔 의식을 국사 행위로 결정하여 국비가 지출되는 데 대해 일각에서 의문을 제기했다.

의 신사(지방에 있는 신사 등)로 등급을 매겼던 '사격(社格) 제도'도 폐지되었다.

헌법에서 정교분리의 원칙이 규정되었지만 정교분리를 둘러싼 논란은 지금도 끊이지 않고 있다. 그 대표적인 예가 전쟁에서 사망한 이들을 안치한 야스쿠니 신사를 다시 국가 관리 아래 두자는 법안, 총리를 비롯한 정치인의 야스쿠니 신사 참배에 대한 찬반 논란이다. 그밖에 공명당 등 종교 정당에 대해서도 정교분리의 원칙에 어긋나는지 여부를 두고 논란이 일었다.

공산주의와 종교는 물과 기름
중국과 종교

(3대 키워드)

1. (삼교합일)　**2.** (마르크스주의)　**3.** (종교·민족 탄압)

기원전, 중국에서 유교와 도교가 탄생했다. 여기에 불교를 더한 세 종교는 동아시아 국가에 지대한 영향을 미쳤다. 중국과 종교의 관계를 살펴본다.

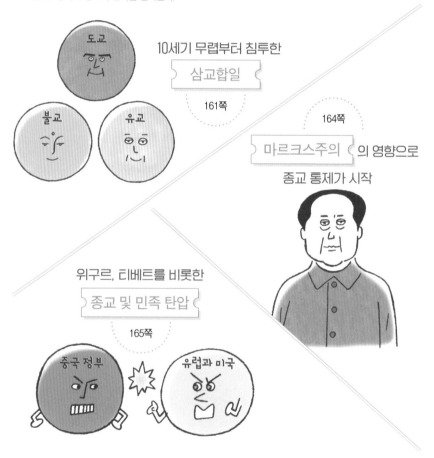

10세기 무렵부터 침투한
(삼교합일)
161쪽

164쪽
(마르크스주의)의 영향으로
종교 통제가 시작

위구르, 티베트를 비롯한
(종교 및 민족 탄압)
165쪽

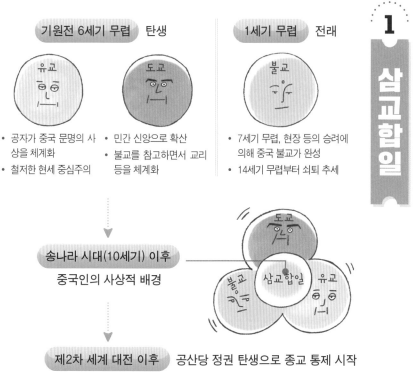

중국인의 세계관을 형성한 세 종교

삼교합일

기원전 6세기 무렵 탄생

유교
- 공자가 중국 문명의 사상을 체계화
- 철저한 현세 중심주의

도교
- 민간 신앙으로 확산
- 불교를 참고하면서 교리 등을 체계화

1세기 무렵 전래

불교
- 7세기 무렵, 현장 등의 승려에 의해 중국 불교가 완성
- 14세기 무렵부터 쇠퇴 추세

송나라 시대(10세기) 이후
중국인의 사상적 배경

도교
불교 삼교합일 유교

제2차 세계 대전 이후 공산당 정권 탄생으로 종교 통제 시작

축의 시대라고 불리는 기원전 6세기에 공자가 유교를, 노자가 도교를 창시했다. 그리고 1세기 무렵 중앙아시아에서 불교가 전래되었다.

불교 확산에 대항하기 위해 유교에서 성리학(→169쪽)이 탄생하고, 불교가 도교와 유교처럼 현세의 가치를 긍정하는 형태로 변모하는 등, 세 종교는 서로 영향을 주고받으며 중국 사회에 침투해 갔다. 이후 유학자들이 선(禪)을 도입하는 등 세 종교의 조화를 지향하는 사상인 '삼교합일'이 서서히 발전했다.

이들 세 종교와 고대부터 전해 내려오는 독자적인 중화사상이 현대까지 이어지는 중국인의 사상적 배경이라고 할 수 있다.

⟫ **중화사상** 한족이 세상의 중심이며 이민족은 미개하다고 여기는 사상. 중국의 역대 왕조에서는 이 사상의 중심에 우주를 다스리는 천제(=황제)가 군림한다고 생각했다.

중국의 사상 유교

공자의 가르침

사람을 사랑하는 어진 사람(仁者)이 되어야 한다.

- 인(仁)…상대를 사랑하는 마음
- 예(禮)…사회 규범
- 효(孝)…부모 공경

중국의 사회 질서를 지탱하는 오륜과 오상으로 발전

오륜(五倫)	오상(五常)
친(親)…부모와 자식 사이의 도리	인(仁)…상대를 사랑하고 배려한다
의(義)…임금과 신하 사이의 도리	의(義)…인간으로서 바른 일을 한다
별(別)…남편과 아내 사이의 도리	예(禮)…예절과 예의를 바르게 지킨다
서(序)…어른과 아이 사이의 도리	지(智)…선악을 바르게 판단한다
신(信)…벗과 벗 사이의 도리	신(信)…항상 성실하게 한다.

유교를 종교가 아니라고 하는 이유

☑ **공자가 종교적 체험을 하지 않았다**

붓다의 깨달음이나 신의 계시 같은 종교 체험을 하지 않았으므로 공자는 종교가이기보다는 도덕가의 성격이 강하다.

☑ **철저한 현세주의**

내세 등 현실을 초월한 세계에는 관심이 거의 없으며 어디까지나 현세 지향적인 사상을 펼쳤다.

'인(仁)과 의(義)', '무위자연'이란

기원전 8~기원전 3세기, 중국은 영웅들이 패권을 다투는 춘추전국시대였다. 그들은 새로운 사상과 국가 이념을 찾아 공자와 노자 등 제자백가라 불리는 사상가들을 적극 등용했다.

공자는 중국 문명에서 전해져 내려오던 토착 신앙(조상 숭배 등)을 사상으로 체계화했다. 자식의 부모에 대한 사랑인 효(孝), 효를 인류애로 확대한 인(仁), 사회 규범인 예(禮)를 중시하고, 군주가 덕으로 다스리는 정치를 이상으로 여겼다.

공자의 가르침은 제자들에 의해 『논어』, 『대학』 등의 4가지 경전과 『주역』, 『춘추』

≫ **사서오경** 『논어』, 『대학』, 『맹자』, 『중용』의 4가지 경전(사서)과 『주역』, 『서경』, 『시경』, 『예기』, 『춘추』의 5가지 경서(오경)로 이루어져 있다.

중국의 민족종교 '도교'

노자와 장자의 가르침

'~해야 한다'는 이론은 필요 없다. 그저 자연스럽게 살면 된다.

무위자연
사회 질서를 설파한 공자와 대조되는 사상. 사람의 힘을 더하지 않고 있는 그대로 사는 '무위자연'을 설파했다.

교단 탄생 및 신선사상 등과 결합 → 도교

태평도
중국 후한(25~220) 말기에 탄생. 장각이 창시했으며 도교의 원류로 불린다. 184년, 생활고에 허덕이는 농민들을 이끌고 황건의 난을 일으켰다.

천사도
후한 말기에 탄생. 신자에게 매년 쌀 5말을 받아서 오두미도(五斗米道)라고 불리기도 한다. 장릉이 창시한 후 아들인 장형, 손자인 장로까지 3대에 걸쳐 계승되었다.

전진교
12세기 무렵 왕중양이 창시했다. 왕조의 보호를 받으며 부패해 가던 도교를 개혁해야 한다고 주장하며 등장한 신(新)도교의 종파 중 하나다.

도교의 신과 신앙

☑ 3종류의 신
도교의 신은 크게 최고 신인 삼청 등 하늘의 신, 관우를 신격화한 관제 등 민간 신앙의 신, 도를 닦아 장생불사하는 신선으로 나뉜다.

☑ 도사와 도관
도교에서는 제사 의식을 치르는 사람과 수행자를 도사, 도교 사원을 도관이라고 부른다. 전진교의 도관인 백운관(베이징) 등이 유명하다.

등의 5가지 경서로 이루어진 '사서오경(四書五經)'으로 정리되었다. 또 유교의 덕목으로서 맹자가 오륜(五倫), 동중서가 오상(五常)을 정리했고, 오륜과 오상이 중국의 사회 질서를 지탱하는 사상으로 계승되었다.

한편 노자는 우주에는 만물이 존재하는 법칙인 도(道)가 있으며, 도에 따라 '무위자연'으로 살아야 한다고 주장했다. 이 가르침은 장자에게 계승되었고, 두 사람의 '노장사상'은 도교의 근간이 되었다. 이후 태평도를 비롯한 교단이 탄생해 신선사상 등과 결합하면서 도교로 확립되어 갔다.

》》 **신선사상** 늙지도 죽지도 않는 신선이 되는 것을 목표로 하는 사상. 고대 중국에서 널리 퍼져 도교에 도입되었다. 중국 진나라의 시황제는 늙지도 죽지도 않는 영약을 찾아 헤맸다고 한다.

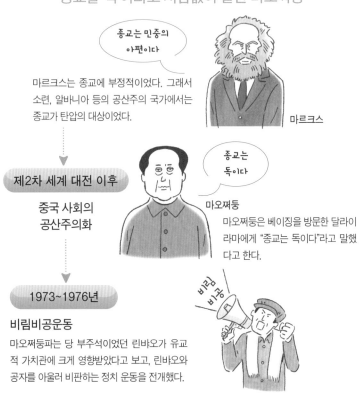

종교를 '독'이라고 서슴없이 말한 마오쩌둥

종교는 민중의 아편이다

마르크스는 종교에 부정적이었다. 그래서 소련, 알바니아 등의 공산주의 국가에서는 종교가 탄압의 대상이었다.

마르크스

제2차 세계 대전 이후

중국 사회의 공산주의화

종교는 독이다

마오쩌둥

마오쩌둥은 베이징을 방문한 달라이라마에게 "종교는 독이다"라고 말했다고 한다.

1973~1976년

비림비공운동

마오쩌둥파는 당 부주석이었던 린뱌오가 유교적 가치관에 크게 영향받았다고 보고, 린뱌오와 공자를 아울러 비판하는 정치 운동을 전개했다.

제2차 세계 대전 이후 탄생한 공산주의 정권은 중국의 종교에 커다란 영향을 미쳤다. 공산주의 사상을 체계화한 마르크스가 '종교는 아편'이라고 말한 데서 알 수 있듯 공산주의는 기본적으로 종교를 부정한다. 중국공산당의 최고지도자였던 마오쩌둥도 '종교는 독'이라고 말했다. 이런 까닭에 중국의 종교는 제2차 세계 대전 이후 국가의 통제와 관리를 받아 왔다.

1970년대에는 마오쩌둥 암살을 계획한 린뱌오와 그가 즐겨 인용한 공자를 아울러 비판하는 사상운동인 '비림비공운동'이 전개되었다. 그러나 최근에는 윤리와 도덕의 기반으로서 유교를 부흥시키려는 움직임이 확산되고 있다고 한다.

≫ **무신론** 공산주의 국가의 정책 중 하나. 1967년, 공산주의 시절의 알바니아는 세계 최초로 '무신론 국가'를 선언했다.

위구르 및 티베트 탄압

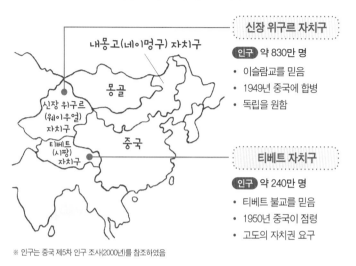

내몽고(네이멍구) 자치구

몽골

신장 위구르 (웨이우얼) 자치구

티베트 (시짱) 자치구

중국

신장 위구르 자치구

인구 약 830만 명

• 이슬람교를 믿음
• 1949년 중국에 합병
• 독립을 원함

티베트 자치구

인구 약 240만 명

• 티베트 불교를 믿음
• 1950년 중국이 점령
• 고도의 자치권 요구

※ 인구는 중국 제5차 인구 조사(2000년)를 참조하였음

중국의 소수 민족 동화 정책 실태에 대한 보도

현재 시진핑 국가주석의 지휘 아래 소수 민족 동화 정책이 추진되고 있다. 구체적으로는 초·중학교에서 중국어 수업을 강요하고, 교육과 직업 훈련을 명목으로 강제 수용하는 등의 실태가 보도되면서 국제 사회로부터 비판이 쏟아지고 있다.

이슬람교 신자인 위구르족이 사는 신장 위구르 자치구, 티베트 불교를 믿는 민족이 사는 티베트 자치구 등이 중국 정부의 탄압을 받고 있다는 뉴스가 종종 보도된다.

티베트와 위구르에서는 예전부터 독립 혹은 고도의 자치를 요구하는 운동이 이어져 왔다. 하지만 중국 정부는 이들 지역을 '핵심 이익'으로 꼽으며 독립을 저지하는 데 힘을 쏟고 있다.

위 지역에서는 중국어로 수업하도록 강요하고 강제 수용소에 가두는 등 한족으로 동화시키려는 정책이 이루어지고 있다고 한다. 그밖에 내몽고 자치구에 대한 탄압도 보도되고 있다.

》》 **내몽고** 중국 동북쪽에서 서북쪽으로 펼쳐진 몽골족 자치구. 중국 정부의 동화 정책이 추진되고 있다.

현 대

중국 정부가 공인하는
5가지 종교와 인정하지 않는 사교

1999년

파룬궁 신자들의
시위

파룬궁은 1990년대 초 중국 지린성(길림성) 출신인 리훙즈(李洪志)가 창시한 신흥 종교다. 1999년 4월, 신자들이 공산당 간부와 주요 인사들이 사는 베이징 중심부의 중난하이(中南海)를 포위했다.

↓

파룬궁을 사교로 규정하고 단속을 강화함

5가지 공인 종교	사교(邪敎)
• 가톨릭　　• 이슬람교 • 개신교　　• 불교 • 도교	• 파룬궁　　• 모르몬교 • 여호와의 증인 등
애국 종교 단체에 소속된 형태로 활동. 각 단체의 말단까지 정부가 관리하려는 목적이 있다.	탄압 대상. 주일 중국 대사관에서는 파룬궁을 '중국의 옴진리교'라고 설명한다.

5가지 국가 공인 종교의 실태

1999년, 파룬궁(法輪功) 신자들이 중국 정부 고위 인사들의 거주 지역을 둘러싸는 사건이 발생했다. 정부와 가까운 학자들이 파룬궁을 규탄하는 논문을 발표한 것이 원인이었다.

중국 정부는 파룬궁을 비롯해 비합법 조직으로 지정된 종교 단체를 사교(邪敎)로 지정하고 탄압하는 한편 가톨릭과 개신교 등 5가지 종교를 공인했다. 그러나 이들 5가지 종교도 공산당과 밀접한 '애국 종교 단체' 소속만 공인하므로 중국 정부의 규제와 감시를 전제로 한 허용이라고 볼 수 있다.

중국 정부와 가톨릭의 합의 배경

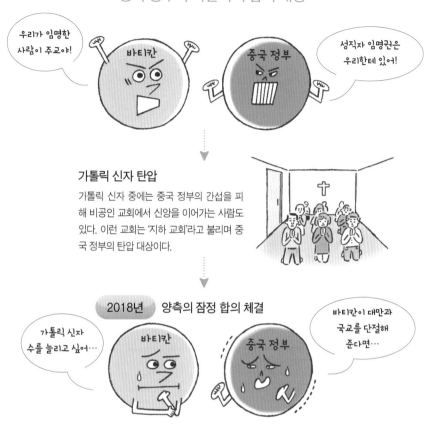

가톨릭 신자 탄압

가톨릭 신자 중에는 중국 정부의 간섭을 피해 비공인 교회에서 신앙을 이어가는 사람도 있다. 이런 교회는 '지하 교회'라고 불리며 중국 정부의 탄압 대상이다.

이런 배경으로 인해 세계종교와 중국 정부가 대립하는 경우도 적지 않다. 예를 들면 주교 임명권을 둘러싸고 가톨릭과 중국 정부 사이에 알력 다툼이 벌어졌다. 중국 정부가 독자적으로 선정한 주교 7명을 로마 교황이 파문하고 인정하지 않는 등 양측은 오랫동안 대립해 왔다. 참고로 이 문제는 신자를 늘리고 싶은 가톨릭 측과 바티칸이 대만과 단교하기를 원하는 중국 정부 측의 이해관계가 맞아떨어져 2018년 잠정 합의에 이르렀다.

중국 정부의 개입을 원하지 않는 가톨릭 신자들은 비공인 교회인 '지하 교회'에 모여 신앙을 이어가고 있다. 개신교 역시 비공인 교회인 '가정 교회'로 활동하고 있다.

독자적인 그리스도교가 확산
한국과 종교

2대 키워드

1. 무속 **2.** 그리스도교

제2차 세계 대전 이후 일본에서 창가학회 등 신흥 종교가 확산되는 동안 이웃나라 한국에서는 그리스도교가 확산되었다. 그 배경에는 토착 신앙인 무속과의 융합이 있었다.

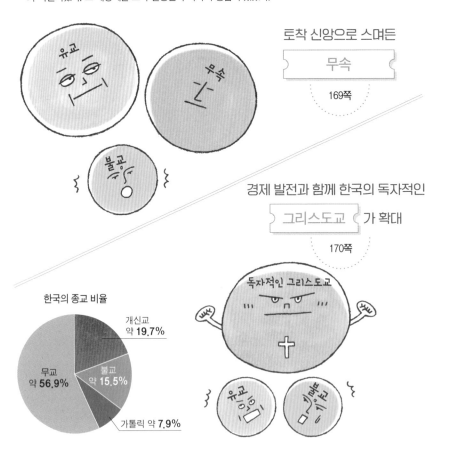

토착 신앙으로 스며든

무속

169쪽

경제 발전과 함께 한국의 독자적인

그리스도교 가 확대

170쪽

한국의 종교 비율

개신교 약 **19.7%**

불교 약 **15.5%**

무교 약 **56.9%**

가톨릭 약 **7.9%**

한국의 종교 발전과 무속

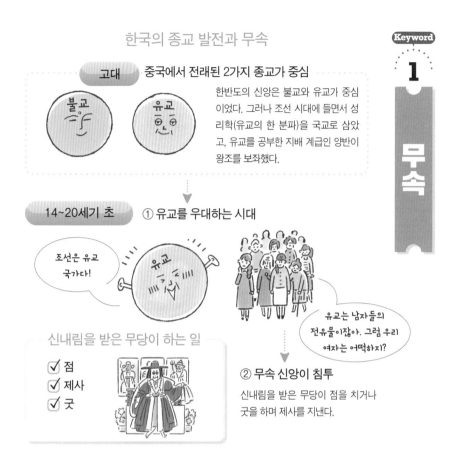

고대 중국에서 전래된 2가지 종교가 중심

불교 유교

한반도의 신앙은 불교와 유교가 중심이었다. 그러나 조선 시대에 들면서 성리학(유교의 한 분파)을 국교로 삼았고, 유교를 공부한 지배 계급인 양반이 왕조를 보좌했다.

14~20세기 초 ① 유교를 우대하는 시대

조선은 유교 국가다!

유교

유교는 남자들의 전유물이잖아. 그럼 우리 여자는 어떡하지?

② 무속 신앙이 침투

신내림을 받은 무당이 점을 치거나 굿을 하며 제사를 지낸다.

신내림을 받은 무당이 하는 일

☑ 점
☑ 제사
☑ 굿

한반도는 원래 불교와 유교가 신앙의 중심이었다. 그러나 조선 시대(14~20세기)에 유교를 숭상하고 불교를 억압하는 숭유억불 정책을 펼치면서 불교가 쇠퇴했다. 유교는 지배층과 남성 중심 성격이 강했으므로 여성을 중심으로 한국의 토착 신앙인 무속에 의지하게 되었다.

한반도에서는 고대부터 무당에게 신이 빙의하는 주술적 의식을 통해 점을 치고 앞날을 예언하는 신앙 형태가 이어져 왔다.

>>> **성리학** 유교의 학문 체계 중 하나로 12세기에 중국(남송)의 주희가 집대성했다. 만물은 이(理)와 기(氣)로 이루어져 있다고 해석한다. 일본 에도 시대(1603~1867)에 정권을 잡은 에도 막부에서 통치 이념으로 삼았다.

그리스도교가 확산된 이유

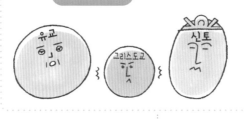

19~20세기 그리스도교 포교와 한일합병

1910년 한일합병 후 일제의 강력한 규제로 전래 초기에는 침투하지 못했다.

제2차 세계 대전 이후 경제 발전과 함께 그리스도교가 '신흥 종교'로 확산

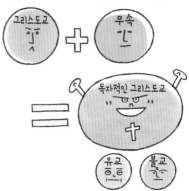

✓ 적극적으로 포교하는 선교사
✓ 현세 이익을 실현하고 병을 고칠 수 있다고 설교
✓ 지식층뿐 아니라 서민층에도 확산

일본으로부터 독립한 후 그리스도교 포교 금지령이 풀렸다. 1960년대 중반부터 '한강의 기적'이라고 불리는 경제 성장을 이루면서 독자적인 그리스도교가 확산되었다.

19세기, 그리스도교가 한반도에서 본격적으로 포교되기 시작했다. 일본에서는 지식층을 중심으로 확산되었지만, 한국에서는 토착 신앙인 무속과 결합하면서 서민층까지 그리스도교(특히 개신교)가 침투했다.

한국 선교사 중에는 설교 단상에 올라 신들려서 열광적으로 설교하는 사람도 있었다. 병이 낫는 등 현세의 이익을 이룰 수 있다는 그들의 설교를 통해 신흥 종교로 성장해 가기도 했다.

특히 제2차 세계 대전 이후 경제 성장과 함께 인구가 서울로 집중되면서 신자가 급격히 늘어났다. 하지만 최근에는 서울로 인구가 유입되는 속도가 느려지면서 차츰 신자 증가세는 둔화되고 무교인 사람도 늘고 있다고 한다.

찾아보기

SAKUTTO WAKARU BUSINESS KYOUYOU SHUKYO TO SEKAI
© SHINSEI Publishing Co.,Ltd.2021
Originally published in Japan in 2021 by SHINSEIPUBLISHING CO.,LTD.,TOKYO.
Korean Characters translation rights arranged with SHINSEIPUBLISHING CO.,LTD.,TOKYO,
through TOHAN CORPORATION,TOKYO and Shinwon Agency Co.,SEOUL.

세상을 뒤흔든 세계 5대 종교
알아두면 돈이 되는 종교와 세계

초판 1쇄 발행 2023년 5월 30일

지은이 시마다 히로미
옮긴이 정세영

편집 이동은, 김주현, 성스레
미술 강현희, 정세라   **본문 디자인** 아울미디어
마케팅 사공성, 강승덕, 한은영
제작 박장혁

발행처 북커스
발행인 정의선
이사 전수현

출판등록 2018년 5월 16일 제406-2018-000054호
주소 서울시 종로구 평창30길 10 (03004)
전화 02-394-5981~2(편집) 031-955-6980(마케팅)
팩스 031-955-6988

ISBN 979-11-90118-53-8 03200

• 북커스(BOOKERS)는 (주)음악세계의 임프린트입니다.
• 값은 뒤표지에 있습니다.
• 파본이나 잘못된 책은 구입하신 서점에서 교환해 드립니다.